München

zu Fuß entdecken

Gehen Sie zu Fuß auf Entdeckertour und erkunden Sie Ihre Lieblingsstadt mit all ihren Facetten und verborgenen Winkeln. Jede Tour führt Sie in eine andere Gegend, lässt Sie überraschende Eindrücke sammeln und Altbekanntes neu genießen.

Zeichenerklärung:

Wann

Sie sind viel im Freien unterwegs – am schönsten bei Sonnenschein

Überwiegend drinnen – macht auch bei Regen Spaß

Am schönsten in der Abenddämmerung und danach

Dauer · Distanz

kurz Ein Spaziergang mit schönen und interessanten Orten zum Verweilen

mittel Mittellanger Fußweg und Sehenswürdigkeiten, die einen langen Aufenthalt lohnen

lang Langer Fußweg mit vielen Stationen, für die Sie sich viel Zeit nehmen sollten

Farbsystem:

- Zentrum
- Norden
- Osten
- Süden
- Westen

Herausragende Sehenswürdigkeiten sind mit * gekennzeichnet. Die Touren leiten von einer Station des öffentlichen Nahverkehrs (Ⓢ, Ⓤ, Tram und Busse) zu einer anderen, Parkplatzsuche überflüssig.

Unsere besten city-Tipps:

Preiskategorien im Überblick:

Hotel (Doppelzimmer):		Restaurant (Hauptgericht):	
❍❍❍	ab 170 €	❍❍❍	ab 20 €
❍❍	bis 170 €	❍❍	bis 20 €
❍	bis 100 €	❍	bis 10 €

Tour 1

kurz

Wechselnde Perspektiven in der Fußgängerzone

Stachus → Fußgängerzone → Promenadeplatz → *Frauenkirche → Marienplatz

Ob oben, von den Türmen und den Terrassen der Cafés, oder tief unten, in der Gruft von König Ludwig II. – so manches gibt es in der Fußgängerzone zwischen Karlsplatz und Marienplatz noch zu entdecken. Ein kleiner Umweg führt über den eleganten Promenadeplatz.

Start: **Ⓢ und Ⓤ Karlsplatz**
Ziel: **Ⓢ und Ⓤ Marienplatz**
Wann: **nachmittags während der Ladenöffnungszeiten; bis Mittag starker Verkehr wegen Warenanlieferung**

Vom **Karlsplatz** zum **Stachus** ist es nicht weit, um auf eine beliebte Scherzfrage von Einheimischen an Touristen anzuspielen – denn man ist schon da. Seine zwei Namen verdankt der Platz dem Kurfürsten Karl Theodor und dem Wirt Eustachius Föderl, der am Karlstor sein Wirtshaus »Stachusgarten« betrieb. Da der Pfälzer Kurfürst äußerst unbeliebt war, hat sich bei den Münchnern der Name »Stachus« durchgesetzt. Durch das **Karlstor** ❶ betritt man Münchens älteste Fußgängerzone aus der Zeit der Olympiade 1972 mit Kaufhäusern, Einkaufspassagen und Kulturdenkmälern. Vor Errichtung der Fußgängerzone galt der Stachus als verkehrsreichster Platz Europas, aus jenen Zeiten stammt das gebräuchliche bayerische Sprichwort »Da gehts ja zu wie am

Karlstor

Stachus!«. Erste Station links ist der **Bürgersaal ❷**, den man kurz vor der Ecke zur Kapellenstraße erreicht. Kaum jemand weiß, dass sich im ersten Stock unter der Empore einer der Glanzpunkte bayerischer Rokoko-Bildhauerkunst befindet, die ***Schutzengelgruppe** von Ignaz Günther.

St. Michael

Ein paar Hausnummern weiter erhebt sich der mächtige Renaissance-Giebelbau der Jesuitenklosterkirche von **St. Michael ❸**. Der Name ist Programm, gibt doch das Portal zu erkennen, dass hier der Erzengel den Unglauben – und das war damals der »ketzerische« Protestantismus – in Gestalt des Satans zu Boden zwingt. Fernab der Hektik der Fußgängerzone umfängt einen in der **Fürstengruft** unter dem Chor Grabesstille; hier ruht u. a. in einem prunkvollen Sarkophag der Leichnam von König Ludwig II. Zurück ans Tageslicht, biegt man für einen kurzen Abstecher links in die Ettstraße ein und folgt ihr bis zum eleganten **Promenadeplatz.** Erstes Haus am Platz ist das Luxushotel **Bayerischer Hof ❹** (s. Hotels S. 128), das sich seit seiner Gründung im 19. Jahrhundert in Familienbesitz befindet und viel Prominenz aus Pop und Politik beherbergt. Durch die Hartmannstraße und Löwengrube stößt man direkt auf die ***Frauenkirche ❺**. Steil ragen die beiden Türme des spätgotischen Doms in den Himmel auf. Von April bis Okt. kann man täglich außer sonntags im Südturm hinauf fahren und aus den Turmfenstern den Ausblick genießen.

Zurück in der Fußgängerzone, kann man im Pflaster vor dem **Kaufhaus Hirmer** den Grundriss eines Turmes ausmachen. Im 12. Jahrhundert stand hier ein Stadttor, der Mauerring ist noch im heutigen Straßenverlauf erkennbar. Beim entzückenden **Pfeiffer am Dom** vorbei (Liebfrauenstr. 1), geht es rechts am Frauenplatz und am Kirchenschiff entlang. Umrundet man auf einen kurzen Abstecher noch den Chor und schlüpft durch die kleine Passage rechts in die Schäfflerstraße, kann man der Designerin **Isabella Hund** und ihrer schönen Galerie für zeitgenössischen Schmuck einen Besuch abstatten (Frauenpl. 13, Eingang Schäfflerstr., s. Shopping S. 139). Ungefähr in Verlängerung des Kirchenschiffs führt die Sporergasse auf das neogotische **Neue Rathaus ❻** zu, an dessen Wurmeck zum Marienplatz hin ein bronzener Lindwurm am Gemäuer klammert und mit seinem

Blick auf die Frauenkirche

Pesthauch die Münchner bedroht. Der **Marienplatz,** einst Getreidemarkt der Stadt, ist das Herz Münchens. Seinen Namen erhielt er zu Ehren der Schutzheiligen, in der frommen Hoffnung, sie würde München vor einer Cholera-Epidemie im Jahr 1854 retten. Die Auffahrt auf den 85 m hohen **Rathausturm** mit Aussichtsplattform im Freien (tgl. 10 bis 19 Uhr) lohnt sich: Der Blick von oben enthüllt, dass es in der Münchner Innenstadt keine Hochhäuser gibt – ein Zugeständnis an das Münchner Wahrzeichen, die Frauenkirche, die mit ihren 99 und 100 Meter hohen Türmen höchstes Bauwerk bleiben soll. Die beste Perspektive auf das **Glockenspiel** (tgl. 11, 12 und 17 Uhr) in Hörweite hat man vom **Café Glockenspiel** (Marienplatz 28, 5. Stock). Wer nicht so hoch hinaus will, dem bietet sich zur Mittagspause das kleine japanische Restaurant **Sasou ❼** an (Marienplatz 28, s. Restaurants S. 136).

Touren im Anschluss: 2 und 4

Marsstraße
Elisenstraße
Sonnenstraße
Frauenstraße
Blumenstr.
Neuhauser Str.
Kaufinger Str.
Maximilian-
Bayerstraße
Schwanthalerstraße
HAUPTBAHNHOF
Hauptbahnhof
ICE IC/EC
DB
KARLSPLATZ
Karlsplatz (Stachus)
Karlstor
ALTER BOTANISCHER GARTEN
Neptunbrunnen
Börse
Lenbachplatz
Künstlerhaus
Bürgersaalk.
St. Michael
Polizeipräsidium
Frauenkirche
Deutsches Jagd- u. Fischereimuseum
Neues Rathaus
MARIENPLATZ
Marienpl.
Sasou
Altes Rathaus
Spielzeugmus.
St. Peter (Alter Peter)
Heiliggeistk.
Viktualienmarkt
Schrannenhalle
Stadtmuseum
Jüd. Gemeindezentrum
Angerkloster
Asamkirche
St. Anna
Herzogspitalkirche
Steueramt
Deutsches Theater (geschlossen bis 2012)
SENDLINGER TOR
Sendlinger Tor
Sendlinger-Tor-Platz
Platz der Opfer des Nationalsozialismus
Maximiliansplatz
Wittelsb.-brunnen
Dreifaltigkeitskirche
Kleine Komödie
Bayerischer Hof
Promenadeplatz
Erzbisch. Palais
Hypo-Kunsthalle
Fünf Höfe
Theatinerkirche
Feldherrnhalle
ODEONSPLATZ
Odeonsplatz
Sammlung Ägyptischer Kunst
HOFGARTEN
Münzsammlung
Herkulessaal
Residenz
Cuvilliéstheater
Schatzkammer
Residenzmuseum
Residenztheater
Nationaltheater
Marstallplatz
Max-Joseph-Platz
Münze
Alter Hof
Hofbräuhaus
Am Kosttor
Platzl
Marienhof
Wittelsbacherplatz
Amiraplatz
Salvatorpl.
Justizpalast
Neues Justizgebäude
Elisenhof
Sebastianspl.
St.-Jakobs-Pl.
Dreifaltigkeitsplatz
Asamhof
Arnulfstr.
Luisenstr.
Sophienstraße
Arcostr.
Karlstr.
Barer Str.
Ottostr.
Max-Joseph-Str.
Otto-Str.
Brienner Str.
Jungfernturmstr.
Salvatorstr.
Prannerstr.
Pacellistr.
Kard.-Faulhaber-Str.
Maffeistr.
Theatinerstr.
Residenzstr.
Hofgartenstr.
Perusastr.
Schrammerstr.
Schäfflerstr.
Maxburgstr.
Löwengrube
Hartmannstr.
Maxbg.
Herzog-Max-Str.
Kapellenstr.
Ettstr.
Hofgraben
Pfisterstr.
Landschaftstr.
Dienerstr.
Sporerstr.
Weinstr.
Burgstr.
Sparkassenstr.
Orlandostr.
Ledererstr.
Neuturmstr.
Hochbrückenstr.
Tal
Sterneckerstr.
Westenriederstr.
Rumfordstr.
Rindermarkt
Rosental
Rosenstr.
Petersplatz
Fürstenfelder Str.
Färbergraben
Altheimer Eck
Hotterstr.
Hackenstr.
Dultstr.
Sendlinger Str.
Oberanger
Corneliusstr.
Damenstiftstr.
Kreuzstr.
Herzogspitalstr.
Josephspitalstr.
Herzog-Wilhelm-Str.
Adolf-Kolping-Str.
Schillerstr.
Goethestr.
Landwehrstr.
Mathildenstr.
Pettenkoferstr.
Nußbaumstr.
Bahnhofsplatz
Luitpoldstr.
Prielmayerstr.
Schützenstr.
Jachauer Str.
N
0
200 m
1
2
3
4
5
6
7

Tour 2

mittel

Shopping Royal in der Innenstadt

Weinstraße → Fünf Höfe → Theatinerstraße → Odeonsplatz → Residenz → Dienerstraße → Marienplatz

Eine Einkaufstour, die zum Kulturspaziergang wird: Es geht in die eleganten Einkaufspassagen des Schäfflerblocks und der Fünf Höfe mit ihren edlen Geschäften, Cafés, Bars und Restaurants. Unter dem Motto »Wo schon der König Kunde war« führt der Weg zu den Höfen der benachbarten Residenz und zu einigen ihrer ehemals Königlich Bayerischen Hoflieferanten.

Start: Ⓤ und Ⓢ Marienplatz
Ziel: Ⓤ und Ⓢ Marienplatz
Wann: während der Ladenöffnungszeiten, auch bei Regen; bei Sonne ist es natürlich immer schöner

Den **Schäfflerblock ❶** erreicht man vom Marienplatz aus über die Wein- und Maffeistraße. Auf kleinem Raum versammelt sich, was Stil und Klasse hat, aber auch Trendiges kommt nicht zu kurz, wie zum Beispiel in der Designer-Modeboutique **Theresa** (Maffeistr. 3, s. Shopping S. 143). Auf der gegenüberliegenden Seite der Maffeistraße geht es in die sinnenfrohe Einkaufswelt der **Fünf Höfe ❷**. Im Wechselspiel mit der Architektur von Herzog & de Meuron setzt die Kunst ihre Akzente. So gibt es zum Beispiel von Olafur Eliasson eine riesige Kugel aus Edelstahlbändern im **Viscardi Hof,** die hängenden Gärten von Tita

In den Fünf Höfen

Giese begrünen die **Salvatorpassage,** das tunnelartige Gewölbe der **Prannerpassage** ist mit Spiegelglaspailletten versehen. Rund 50 verschiedene Läden verführen zum Schauen und Kaufen. Das Angebot der schönen Dinge des Lebens reicht von von Kleidung, Schmuck, Schuhen, Taschen und Kosmetika bis hin zu Literatur, Papier und Porzellan. Mode, *Dolci*, Blumen und Kaffee gibt es im **Emporio Armani Store,** No-name-Designprodukte im japanischen Lifestyle-Kaufhaus **Muji,** trendige Dessous bei **Mohrmann Basics**. Cafés, Bars und Restaurants verwöhnen mit Espresso, Cocktails und kulinarischen Köstlichkeiten – wie in **Schumann's Tagesbar** oder in der Cocktailbar **Barista.** Fein essen mit viel Zeit kann man beim **Ederer,** fein essen mit wenig Zeit im thailändischen Schnellrestaurant **Kaimug.** Die benachbarte **Kunsthalle der Hypo-Kulturstiftung** ❸ lädt zu einer Kunst-Pause vom Konsumrausch ein (aktuelle Ausstellungen unter www.hypo-kunsthalle.de; Mo halber Eintrittspreis). Ein automatisch bedienbarer Vorhang aus Lochblechen gestaltet die Fassade zur Theatinerstraße hin.

Gegenüber den Fünf Höfen führt eine kurze Passage durch das ehemals gräfliche **Preysing-Palais** ❹ mit seiner eleganten Rokokofassade und seinem stuckverzierten Treppenhaus (unbedingt einen Blick hineinwerfen!) hinüber in die Residenzstraße. Linker Hand geht es an der **Residenz** ❺ entlang, einem im Laufe von vier Jahrhunderten gewachsenen Schlosskomplex mit mehreren **Innenhöfen,** die den Wittelsbacher Herrschern als Wohn- und Regierungssitz diente. Über den Königsbauhof, den letzten der Hofeingänge an der langen Residenzfassade, geht es in das

Kaiserhof der Residenz

Residenzmuseum mit seinen Prunkräumen und Sammlungen. Prächtige Raumschöpfungen der Renaissance und des Rokoko sind das **Antiquarium** und die **Reichen Zimmer.** In der **Schatzkammer** werden kostbare Werke der Goldschmiedekunst, Kronen und Insignien, Email-, Bergkristall- und Elfenbeinarbeiten aus 9 Jahrhunderten ausgestellt (www.residenz-muenchen.de).

Max I. Joseph

Nach etwa 100 Metern weitet sich die Straße zur repräsentativen Platzanlage, im Norden und Osten eingerahmt von der Hauptfassade der Residenz und dem Opernhaus (s. Tour 6, S. 28). Das **Denkmal ❻** auf dem **Max-Joseph-Platz** erinnert an den Wittelsbacher Max I. Joseph, den ersten König von Bayern. Wenn man der Residenzstraße geradeaus in die Dienerstraße folgt, verlockt linker Hand im denkmalgeschützten Lorenzistock des Alten Hofs, Münchens ehemaliger Kaiserresidenz im 14. Jahrhundert, das edle Warenhaus **Manufactum** zu einem Besuch (s. Shopping S. 140). Ein Haus weiter sticht die gelb-weiß getünchte, klassizistische Fassade des Münchner Feinkosthauses ***Dallmayr ❼** ins Auge, das mit seinen Delikatessen schon den bayerischen Königshof belieferte (s. Shopping S. 139). Die letzte Station ist **Ludwig Beck ❽** am Marienplatz. Das »Kaufhaus der Sinne« kann seine Tradition bis ins 19. Jh. zurückverfolgen, als der Knopfmacher und Posamentiermeister Ludwig Beck in die Dienste von König Ludwig II. berufen wurde (s. Shopping S. 140).

Dallmayr

Tour im Anschluss: 4

Alte Pinakothek
Mineralogische Staatssammlung
Pinakothek der Moderne
Museum Brandhorst
Gabelsberger- straße
Staatssammlung Ägyptischer Kunset (i. Bau), Hochschule für Fernsehen und Film
Türkenstr.
Theresienstr.
Amalienstr.
Fürstenstr.
Rheinberger- str.
Bayerische Staats- bibliothek
Kaulbachstr.
Schönfeld- str.
St. Markus
Ring
Oskar-von-Miller-
Ludwigstraße
Von-der-Tann- Straße
Königinstr.
Prinz-Ludwig-Str.
Barer
Karolinen- platz
Obelisk
Brienner Straße
Siemens- Forum
Jägerstr.
Kardinal-Döpfner-Str.
Leuchtenberg Palais
Galerie- str.
Prinz-Carl- Palais
Finkenstr.
Wittelsbacher- platz
Odeons- platz
Brienner Str.
ODEONSPLATZ
HOF- GARTEN
Deutsches Theatermuseum
Bayerische Staatskanzlei
F.-Josef-Strauß-Ring
Karl-Scharnagl-Ring
Max-Joseph-Str.
Otto- str.
Platz der Opfer des National- sozialismus
Amira- platz
Theatiner- kirche
Feldherrn- halle
Sammlung Ägyptischer Kunst
Hofgartenstr.
Maximilians- platz
Jungfernturmstr.
Salvatorpl.
Salvator- str.
Preysing- Palais
Münz- sammlung
Herkules- saal
Akademie der Wissenschaften
Wittelsb.- brunnen
Dreifaltig- keitskirche
Prannerstr.
Erzbisch. Palais
Maffeistr.
Kard.-Faulhaber-Str.
Viscardi- gasse
Residenzstr.
4
5 Residenz
Schatzkammer
Cuvilliéstheater
Marstall- platz
Kleine Komödie
Pacellistr.
Promenade- platz
Hypo- Kunsthalle
3
Fünf Höfe
2
Theatinerstr.
Residenzmuseum
6
Residenz- theater
Theater im Marstall
Maxburgstr.
Karme- literstr.
Hart- mannstr.
Perusastr.
Max-Joseph- Platz
Nationaltheater
Marstallstr.
Wurzerstr.
St. Michael
Ettstr.
Löwen- grube
Polizei- präsidium
Schäfflerblock
1
Schäfflerstr.
Schrammer- str.
Maximilian- str.
Frauenkirche
Albertg.
Marien- hof
Hof- graben
Münze
Augusti- nerstr.
Liebfrau- enstr.
Landschaftstr.
Dallmayr
7
Alter Hof
Pfisterstr.
Am Kosttor
Platzl
Falckenberg- str.
Deutsches Jagd- u. Fischereimuseum
Kaufinger Str.
Mazarisstr.
Thiereckstr.
Sporerstr.
Neues Rathaus
Weinstr.
Dienerstr.
Burgstr.
Hofbräu- haus
Orlandostr.
Kammerspiele (Schauspielhaus)
Hildegardstr.
Altheimer Eck
St. Anna
Färber- graben
MARIEN- PLATZ
Marienpl.
8
Ludwig Beck
Sparkassen- str.
Ledererstr.
Hoch- brücken- str.
Herrnstr.
Th.-Wimmer-Ring
Hotterstr.
Fürstenfelder Str.
Rosenstr.
Peterspl.
Altes Rathaus Spielzeugmus.
Mariensstr.
Hackenstr.
Rindermarkt
St. Peter (Alter Peter)
Tal
Heilig- geistk.
Asam- kirche
Sendlinger Str.
Dultstr.
Rosental
Stadt- museum
Viktualien- markt
Dreifaltigkeits- platz
Westenriederstr.
Sternecker- str.
Pflugstr.
St.- Jakobs- Pl.
Sebastianspl.
Jüd. Gemeinde- zentrum
Schrannen- halle
Valentin- Karlstadt- Musäum
Isartor
Isartor- platz
ISARTOR
Oberanger
Cornelius- str.
Frauenstraße
Zwingerstr.
Zweibrückenstraße
Anger- kloster
Blumenstr.
Rumford- str.
Unterer Anger
Team- Theater
Reichenbach- platz
Klenze- str.
Feuerwehr- museum
N
0
200 m

Tour 3

kurz

Kaffee und Literatur rund um den Odeonsplatz

Odeonsplatz → Theatinerkirche → Salvatorplatz → Kardinal-Faulhaber-Straße → Luitpoldblock → *Hofgarten

Auf den Spuren zweier legendärer Kaffeehäuser führt die Tour zum Café Tambosi am Hofgarten und zu einem kleinen Museum im Luitpoldblock. Weitere Stationen sind die Theatinerkirche, das Literaturhaus und ein ehemaliges Adelspalais, in dem der bayerische Papst in seiner Zeit als Erzbischof lebte und arbeitete.

Start: Ⓤ Odeonsplatz (U3, U4, U5, U6)
Ziel: Ⓤ Odeonsplatz (U3, U4, U5, U6)
Wann: bei schönem Wetter im Sommer; stimmungsvoll als Abendspaziergang

Theatinerkirche

Südliches Flair umgibt den **Odeonsplatz,** sobald bei den ersten wärmenden Sonnenstrahlen im Frühjahr die Kellner Tische und Stühle ins Freie stellen. Die Basargebäude am Hofgarten, die Feldherrnhalle und die spätbarocke, leuchtend gelbe ***Theatinerkirche St. Kajetan** ❶ geben eine prächtige Kulisse ab – festlich erleuchtet beim alljährlichen Klassik-Open-Air Anfang Juli (www.klassik-am-odeonsplatz.de). Die Architektur der Theatinerkirche, ab 1663 errichtet, wurde von der Mutterkirche des Ordens in Rom inspiriert.

Die spätgotische **Salvatorkirche** ❷ wirkt mit ihrem unverputzten Backsteinmauerwerk wie die anmutige kleine

Schwester der Frauenkirche. Sie gehört heute der griechisch-orthodoxen Gemeinde. Linker Hand, am Anfang der Kardinal-Faulhaber-Straße, steht das **Erzbischöfliche Palais ❸**, ein ehemaliges Wittelsbacher Adelspalais, das der berühmte Rokoko-Architekt François Cuvilliés erbaute. In seiner Zeit als Erzbischof hatte Papst Benedikt, geborener Ratzinger, hier seinen Wohn- und Amtssitz.

Im Literaturhaus

Zurück am **Salvatorplatz**, fällt der elegante historische Bau des **Literaturhauses ❹** auf. Mit seinen Veranstaltungen, Institutionen und Ausstellungen rund um das Buch ist es ein Forum für alle Literaturfreunde (www.literaturhaus-muenchen.de). Hat man die knarrenden Treppenstufen zum dritten Stockwerk erklommen, erwartet ein Unikum: der **Thomas-Mann-Bär.** Das ausgestopfte Zotteltier war ein Geschenk von Freunden an die Eltern Mann und machte brav alle Umzüge mit. Noch im Besitz der Familie stand der russische Braunbär zuletzt im Foyer der Villa in der Poschingerstraße (s. Tour 21, S. 90). Thomas Mann hat dem Bären in seinem Roman »Buddenbrooks« ein Denkmal gesetzt. Auf ein Glas nach der abendlichen Lesung, aber auch zu Kaffee, Kuchen und kulinarischen Köstlichkeiten kann man im Café-Restaurant-Bistro **OskarMaria** im Haus einkehren. Auch hier ist für Lesestoff gesorgt. Nach dem Motto: »Der Mensch ist, was er isst – und liest« prägen Zitate von **Oskar Maria Graf** Tassen, Teller, Bierdeckel, die Granittische auf der Sonnenterrasse oder die elektronische **Schriftsäule,** entworfen von der New Yorker Künstlerin Jenny Holzer.

OskarMaria

Wenige Hundert Meter entfernt liegt der **Luitpoldblock** mit seinen exklusiven Einkaufspassagen am Amiraplatz. Die winzige **Sammlung Café Luitpold** ❺ entführt mit Fotografien, Bildern, Menükarten und Musik in die gute alte Zeit des Palastcafés vom Ende des 19. Jahrhunderts, als noch Prinzregent Luitpold regierte (www.luitpoldblock.de; Mo–Sa 10–19, So und Fei 11–18 Uhr; Eintritt frei). Zum Abschluss der Tour lockt der Hofgarten mit dem **Café Tambosi** ❻ – sehen und gesehen werden lautet die Devise auf der Terrasse zur Ludwigstraße, Ruhe und mediterranes Flair herrschen im Cafégarten zur Hofgartenseite. Schon im Jahre 1775 stand an dieser Stelle eine Kaffee-Schänke: Bei Giovanni Pietro Sardi machte die Schickeria von damals zum ersten Mal Bekanntschaft mit dem schwarzen Getränk. Auch Wolfgang Amadeus Mozart soll dort eingekehrt sein.

Café Tambosi und Theatinerkirche

Eine grüne Stadtoase ist der nach italienischem Vorbild im Renaissance-Stil angelegte ***Hofgarten** ❼ mit seinen Brunnen, Blumenrabatten und dem Rundtempel in der Mitte, von dessen acht Bögen die Kreuzwege ausgehen, die die Struktur des Hofgartens bestimmen. Die Parkbänke laden zum Entspannen ein, und mit etwas Glück bekommt man ein Open-Air-Konzert im **Dianatempel** oder unter den Arkaden zu hören, schaut den Boulespielern zu oder atmet im Juni den betörenden Duft der Linden.

Hofgarten

Tour im Anschluss: 8 (ab Odeonsplatz)

Staatssammlung Ägyptischer Kunset (i. Bau), Hochschule für Fernsehen und Film
Hochschule für Musik
Pinakothek der Moderne
Museum Brandhorst
Gabelsberger-str.
St. Markus
Amalienstr.
Kaulbachstr.
Königinstr.
N
0
200 m
Eisbach
Japanisches Teehaus
AM HIRSCHANGER
Obelisk
Karolinenplatz
Barer Str.
Türkenstr.
Oskar-von-Miller-Ring
Ludwigstraße
Von-der-Tann-Straße
Haus der Kunst
Lerchenfeldstr.
Prinzregentenstraße
Brienner Straße
Amerikahaus
Max-Joseph-Str.
Kardinal-Döpfner-Str.
Leuchtenberg Palais
Odeonsplatz
Galerie-str.
Prinz-Carl-Palais
Deutsches Theatermuseum
Wittelsb.-platz
ODEONS-PL.
Café Tambosi
HOF-GARTEN
Platz der Opfer des Nationalsozialismus
Brienner Str.
Sammlung Café Luitpold
Karlstr.
Otto-str.
Maximiliansplatz
Amira-pl.
Theatinerkirche
Sammlung Ägypt. Kunst
Bayerische Staatskanzlei
F.-Josef-Strauß-Ring
Seitzstr.
Bruderstr.
Unsöldstr.
Wagmüllerstr.
Alexandra-str.
Literaturhaus
Jungfernturmstr.
Salvatorpl.
Salvator-str.
Salvatorkirche
Ottostr.
Wittelsb.-brunnen
Dreifaltigkeitskirche
Münzsammlung
Herkulessaal
Hofgartenstr.
Akademie der Wissenschaften
Liebigstr.
St.-Anna-Str.
Feldherrnhalle
Residenz
Cuvilliestheater
Prannerstr.
Erzbisch. Palais
Kleine Komödie
Schatzkammer
Marstallplatz
Karl-Scharnagl-Ring
St.-Anna-Platz
Triftstr.
Künstlerhaus
Pacellistr.
Kard.-Faulhaber-Str.
Hypo-Kunsthalle
Fünf Höfe
Theatinerstr.
Residenzstr.
Residenzmuseum
Residenztheater
Theater im Marstall
St.Anna Kloster
LEHEL
Thierschplatz
Maxbg.
Erzbischöfl. Ordinariat
Promenadeplatz
Karmeliterstr.
Maxburgstr.
Maffeistr.
Max-Joseph-Platz
Nationaltheater
Bürgersaalk.
St. Michael
Löwengrube
Hartmannstr.
Windenmacherstr.
Schäfflerstr.
Schrammerstr.
Maximilianstr.
Bürkleinstr.
Pfarrstr.
Neuhauser Str.
Frauenkirche
Münze
Am Kosttor
Falckenbergstr.
Alter Hof
Dienerstr.
Platzl
Kammerspiele (Schauspielhaus)
Maximilianstr.
GOP Varieté-Theater
Thierschstr.
Deutsches Jagd- u. Fischereimuseum
Kaufinger Str.
Neues Rathaus
Weinstr.
Sparkassenstr.
Hofbräuhaus
Museum für Völkerkunde
Max-II-Denkmal
Herzogspitalstr.
Herzogspitalkirche
St. Anna
MARIENPLATZ
Marienpl.

kurz

Valentin und Viktualienmarkt

Marienplatz → Petersbergl → *Viktualienmarkt → Dreifaltigkeitsplatz → Westenriederstraße → Isartor

Auf dem Viktualienmarkt, wo die Marktkaufleute jedem Wetter trotzen, ist München noch am münchnerischsten. Dort begegnet man dem Komiker und Volksschauspieler Karl Valentin mit seiner Bühnenpartnerin Liesl Karlstadt. Die beiden trifft man wieder im skurrilen Valentin-Karlstadt-Musäum im Südturm des Isartors.

Start: Ⓢ und Ⓤ Marienplatz
Ziel: Ⓢ Isartor
Wann: am besten mittags an Werktagen, samstags ist es sehr voll

Peterskirche

Vom Marienplatz kann man sie schon an ihrem ungewöhnlich breiten Turm mit den vielen Uhren ausmachen – Münchens älteste Stadtpfarrkirche **St. Peter ❶**, die sich auf dem **Petersbergl** über den Markt erhebt und von den Münchnern liebevoll »Alter Peter« genannt wird. Über 300 Stufen führen zu der Aussichtsplattform, von der man an klaren Tagen sogar die Alpen erblickt (tgl. Mo–Sa 9–18, So und Fei 10 bis 19 Uhr, je nach Witterung). Gegenüber steht unterhalb der kleinen Anhöhe die von den Brüdern Asam barockisierte **Heiliggeistkirche ❷**, vor deren Mauern sich schon zu Anfang des 19. Jahrhunderts ein »Kräutlmarkt« niederließ, aus dem sich der

*Viktualienmarkt ❸ zu dem entwickelte, was er heute ist: Münchens Paradies für Schlemmer. Ob exotische Delikatessen, bayerische Schmankerln, Münchner Brotwaren, Eingelegtes in Öl und Essig, französische Weine, Fisch oder saisonfrisches Obst und Gemüse, das Angebot der Marktleute

Viktualienmarkt

und der verschiedenen Stände macht Appetit und lässt die Augen mitessen. Vorausgesetzt, man findet mittags bei schönem Wetter noch einen freien Platz, kann man sich mit seinem Imbiss auch im Biergarten am Maibaum niederlassen. Brunnendenkmäler auf dem Markt erinnern an beliebte Altmünchner Volkssänger(innen). Deren Darbietungen füllten einst die großen Säle und Wirtshäuser der Stadt. Das **Brunnendenkmal für Karl Valentin** steht am westlichen Ende des Marktes gegenüber der Schrannenhalle und stellt den Wortakrobaten als dünne Gestalt mit übergroßen sensiblen Händen dar; bodenständig und

Karl-Valentin-Brunnen

energisch wirkt seine Bühnenpartnerin: Das **Brunnendenkmal für Liesl Karlstadt** steht neben dem Maibaum. In enger Nachbarschaft zum Viktualienmarkt erstreckt sich die wieder aufgebaute, denkmalgeschützte **Schrannenhalle ❹**, wo gern groß gefeiert wird – ob zum Fasching, zur Wiesnzeit oder beim Public Viewing (www.schranne.de).

Schräg gegenüber in der Prälat-Zistl-Straße kommt man an der »Schmalznudel«, wie das **Café Frischhut ❺** mit Spitznamen heißt, vorbei, einer stadtbekannten Adresse für Frühaufsteher und übernächtigte Partygänger: Ab 5 Uhr morgens gibt es ein

Frühstück – mit heißem Fettgebackenen; die Krapfen und Auszogenen sind die leckersten und fettesten der ganzen Stadt (Prälat-Zistl-Str. 8, tgl. 5–17 Uhr; Sa bis 13 Uhr).

Die nächste Station ist der **Dreifaltigkeitsplatz,** den man nach Überqueren des Viktualienmarktes auf Höhe des Fischgeschäfts Nordsee erreicht, ein kleiner, versteckter Winkel am Markt, der von Fassaden mit Lüftlmalerei und Hausmadonna eingerahmt wird. Drei Gastwirtschaften, darunter eine Münchner Institution, das **Bratwurstherzl** ❻ (s. Restaurants S. 132) laden zu Tisch – bei schönem Wetter im Freien. Durch die Westenriederstraße geht es in wenigen Minuten zum **Isartor,** das mit seinen beiden Vortürmen, dem Wehrtor und dem hohen Hauptturm als einziges Münchner Tor noch der mittelalterlichen Anlage entspricht. Hier ist auch das **Valentin-Karlstadt-Musäum** ❼ zu Hause, das das Andenken an die beiden Künstler und Komiker wach hält. Eine steile Wendeltreppe führt zu der Sammlung mit Fotos, Dokumenten und skurrilen Objekten, wie dem pelzverbrämten Winterzahnstocher oder dem Nagel, an den Karl Valentin seinen Schreinerberuf hängte, um Volkssänger zu werden. In dem Volkssängerlokal **Turmstüberl** versorgt ein anderes Münchner Original, die Sängerin Petra Perle, ihre Gäste mit Getränken und schmackhaften, kleinen Speisen (Isartorturm, Mi geschl.; www.valentin-musaeum.de).

Isartor

Valentin-Karlstadt-Musäum

Tour im Anschluss: 7 (ab Isartor)

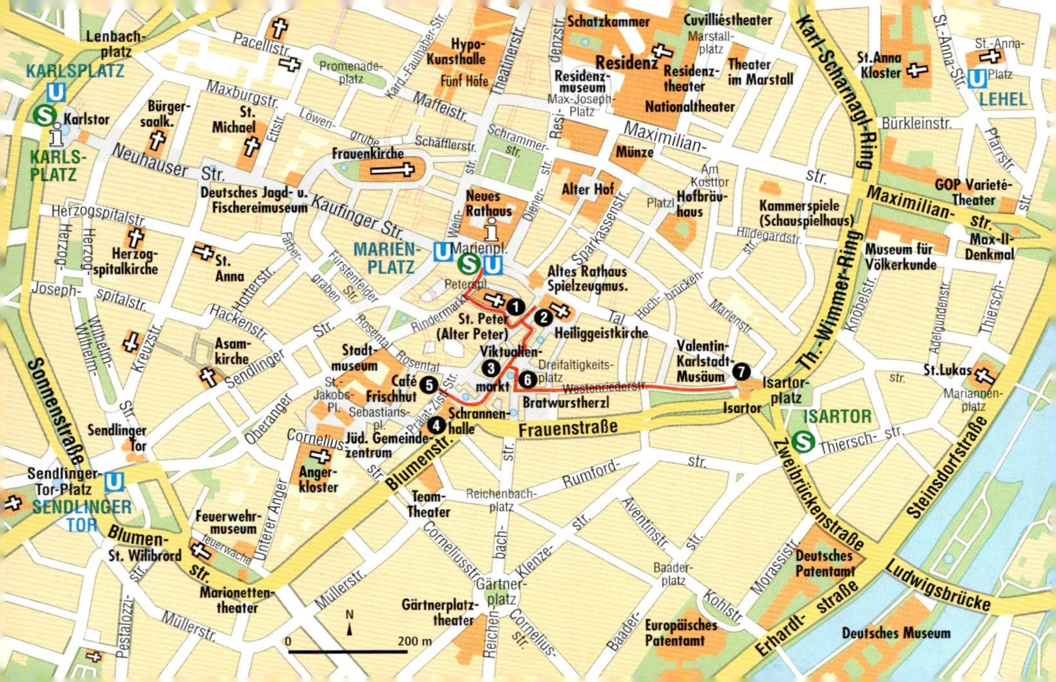

Lenbachplatz
KARLSPLATZ
Karlstor
KARLS-PLATZ
Pacellistr.
Promenadeplatz
Kard.-Faulhaber-Str.
Hypo-Kunsthalle
Fünf Höfe
Theatinerstr.
denzstr.
Schatzkammer
Cuvilliéstheater
Marstallplatz
Residenz
Residenzmuseum
Residenztheater
Theater im Marstall
Max-Joseph-Platz
Nationaltheater
Karl-Scharnagl-Ring
St. Anna Kloster
St.-Anna-Str.
St.-Anna-Platz
LEHEL
Bürkleinstr.
Pfarrstr.
Maxburgstr.
Bürgersaalk.
St. Michael
Ettstr.
Löwengrube
Maffeistr.
Schäfflerstr.
Schrammerstr.
Resi-
Maximilianstr.
Münze
Neuhauser Str.
Frauenkirche
Deutsches Jagd- u. Fischereimuseum
Kaufinger Str.
Neues Rathaus
Weinstr.
Dienerstr.
Alter Hof
Am Kosttor
Platzl
Hofbräuhaus
Kammerspiele (Schauspielhaus)
Maximilianstr.
GOP Varieté-Theater
Max-II-Denkmal
Herzogspitalstr.
Herzog-
Herzog-
Herzogspitalkirche
St. Anna
MARIENPLATZ
Marienpl.
Sparkassenstr.
Hildegardstr.
Museum für Völkerkunde
Joseph-spitalstr.
Hotterstr.
Färbergraben
Fürstenfelder Str.
Peterspl.
Altes Rathaus Spielzeugmus.
Hochbrückenstr.
Marienstr.
Knöbelstr.
Adelgundenstr.
Thierschstr.
Wilhelm-
Wilhelm-
Kreuzstr.
Hackenstr.
Rindermarkt
St. Peter (Alter Peter)
Tal
Heiliggeistkirche
Th.-Wimmer-Ring
Asamkirche
Sendlinger Str.
Rosental
Stadtmuseum
Viktualienmarkt
Dreifaltigkeitsplatz
Valentin-Karlstadt-Musäum
Isartorplatz
St.Lukas
Mariannenplatz
Sonnenstraße
St.-Jakobs-Pl.
Café Frischhut
Prälat-Zistl-Str.
Westenriederstr.
Bratwurstherzl
Isartor
ISARTOR
Sebastiansplatz
Schrannenhalle
Frauenstraße
Thierschstr.
Sendlinger Tor
Oberanger
Corneliusstr.
Jüd. Gemeindezentrum
Rumfordstr.
Zweibrückenstraße
Steinsdorfstraße
Sendlinger-Tor-Platz
SENDLINGER TOR
Angerkloster
Blumenstr.
Team-Theater
Reichenbachplatz
Feuerwehrmuseum
Feuerwache
Unterer Anger
Blumenstr.
St. Wilibrord
Corneliusstr.
Reichenbachstr.
Klenzestr.
Aventinstr.
Baaderplatz
Morassistr.
Deutsches Patentamt
Ludwigsbrücke
Müllerstr.
Marionettentheater
Gärtnerplatz
Gärtnerplatztheater
Kohlstr.
Erhardtstraße
Pestalozzistr.
Müllerstr.
N
0
200 m
Reichenbachstr.
Corneliusstr.
Baaderstr.
Europäisches Patentamt
Deutsches Museum
1
2
3
4
5
6
7

kurz

Hackenviertel – quirliges Altmünchner Quartier

Sendlinger Tor → Sendlinger Straße → Asampassage → Hackenstraße → St.-Jakobs-Platz → Sebastiansplatz

Auf dem Weg durch eines der ältesten Viertel der Innenstadt trifft man auf Läden, die sich zum Teil schon seit Generationen in Familienbesitz befinden, auf Gasthäuser und stillere Oasen in Innenhöfen. Mitten im pulsierenden Stadtleben hat das Jüdische Gemeindezentrum mit der Hauptsynagoge und dem Städtischen Jüdischen Museum auf dem Jakobsplatz seine Heimat gefunden.

Start: Ⓤ Sendlinger Tor (U1, U2, U3, U6)
Ziel: Ⓢ und Ⓤ Marienplatz
Wann: während der Ladenöffnungszeiten; bis Mittag starker Verkehr wegen Warenanlieferung

Sendlinger Tor

Durch das **Sendlinger Tor ❶**, das zur mittelalterlichen Stadtbefestigung gehörte, geht es in die **Sendlinger Straße,** eine lebendige Einkaufsstraße mit Mode-, Lederwaren-, Schmuck- und Schuhläden sowie Fundgruben für Wohnaccessoires und Friseursalons. Auf der linken Seite tritt mit ihrem säulenflankierten Portal und ihrer barock geschwungenen Fassade die ***Asamkirche (St. Johann Nepomuk) ❷** aus der Häuserzeile heraus. Im Jahr der Grundsteinlegung wurde der Namenspatron heilig gesprochen. Innen umfängt die Besucher üppigstes Rokoko auf kleinstem Raum. Eingerahmt wird die Kirche vom Priester- und Künstlerwohnhaus von Egid Quirin Asam. Bei der Planung achtete der berühmte bayerische Barockkünstler darauf, dass er von seiner Wohnung aus durch ein Fenster auf den Hochaltar blicken konnte. Erst auf Proteste der Bevölkerung hin wurde die Kirche, ursprünglich als private Hauskirche geplant, der Öffentlichkeit zugänglich gemacht.

Asamkirche

Rechts von der Kirche geht es zur **Asampassage ❸**, einer idyllischen Hof-Oase mit Wohnungen, Läden, Cafés und Restaurants. Hält man sich bei den ersten Cafés halbrechts, so gelangt man über einen weiteren Hof nach rechts zum Altheimer Eck und in die **Hackenstraße.** In dem gelben klassizistischen Palais Rechberg rechter Hand, in dem Heinrich Heine wohnte, residiert das alteingesessene Münchner Geschäft **Radspieler ❹**, erste Adresse für Kunsthandwerk und Stoffe (Hackenstraße 7, s. Shopping S. 142). Durch das Schaufenster am Altheimer Eck kann man in den Gartenhof mit seinem alten Baumbestand, wie er einst typisch für das Viertel war, sehen. Auf der gegenüberliegenden Seite schließt sich eine Reihe Altmünchner Bürgerhäuser an, einst war das Hackenviertel Quartier Handel treibender Bürger. Vorzüglich vegetarisch speisen lässt es sich linker Hand in der hohen lichten Säulenhalle des **Prinz Myshkin** (s. Restaurants S. 135). Bodenständig bayerisch geht es im benachbarten **Alten Hackerbräuhaus** zu, dessen klassizistischer Bau der Stammsitz der Brauerfamilie Hacker-Pschorr ist. Nach der Überquerung der Sendlinger Straße folgt man der Dultstraße über den Oberanger hinüber zum **St.-**

Altes Hackerbräuhaus

Jakobs-Platz. Unversehens sieht man sich einem kompakt bebauten Platz – und mehreren Jahrhunderten Münchner Stadtgeschichte – gegenüber. In dem mittelalterlichen Zeughaus und dem benachbarten (rekonstruierten) Marstall linker Hand ist das **Münchner Stadtmuseum ❺** untergebracht, das mit seinen Sammlungen die Geschichte Münchens von seiner Gründung über die Entwicklung zur Residenzstadt, der Zeit des Nationalsozialismus bis zur Gegenwart dokumentiert (Di–So 10–18 Uhr; mit Kino im Filmmuseum, Café und kleinem Garten im Innenhof).

Im Zentrum des Platzes steht der mächtige moderne Kubus der **Hauptsynagoge ❻** mit seinem transparenten Aufbau aus Glas und Stahl, entworfen von den Saarbrücker Architekten Wolfgang Lorch und Rena Wandel Hoefer. Die Plattenverkleidung spielt auf die Farben des Jerusalem-Steins an. Im Inneren ist der Raum lichtdurchflutet. Daneben schließen sich das **Münchner Jüdische Museum ❼**, das auf rund 900 Quadratmetern die Münchner jüdische Geschichte und Kultur dokumentiert (Di–So 10–18 Uhr), und das **Jüdische Gemeindezentrum** mit einem Buchladen und Café im Foyer an.

Sebastiansplatz

Altmünchner Hausfassaden mit ihren typischen Halbgiebeln flankieren den kleinen benachbarten **Sebastiansplatz,** der im Sommer mit seinen hübschen Café-Restaurants – man hat die Wahl zwischen französischer, italienischer und thailändischer Küche – zu einer Pause unter Sonnenschirmen einlädt. Ein besonderer Tipp ist das kleine **Cameleon** (Sebastiansplatz 3, s. Restaurants S. 133).

Touren im Anschluss: 2 und 4

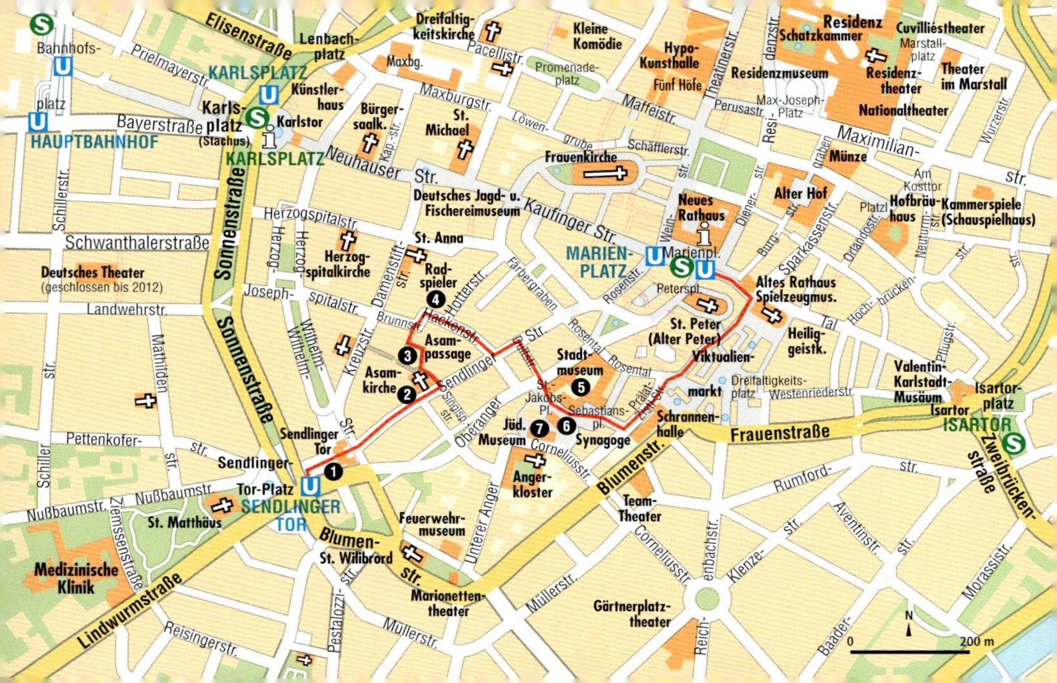
Residenz
Schatzkammer
Cuvilliéstheater
Theater im Marstall
Residenzmuseum
Residenz-theater
Nationaltheater
Max-Joseph-Platz
Hypo-Kunsthalle
Fünf Höfe
Kleine Komödie
Dreifaltigkeitskirche
Lenbachplatz
Elisenstraße
KARLSPLATZ
Karlsplatz (Stachus)
Karlstor
Künstlerhaus
Bürgersaalk.
St. Michael
Frauenkirche
Neuhauser Str.
Kaufinger Str.
Deutsches Jagd- u. Fischereimuseum
Neues Rathaus
MARIENPLATZ
Marienpl.
Altes Rathaus Spielzeugmus.
St. Peter (Alter Peter)
Heiliggeistk.
Viktualienmarkt
Schrannenhalle
Frauenstraße
Alter Hof
Münze
Maximilianstr.
Hofbräuhaus
Kammerspiele (Schauspielhaus)
Valentin-Karlstadt-Musäum
Isartorplatz
ISARTOR
Zweibrückenstraße
HAUPTBAHNHOF
Bayerstraße
Schwanthalerstraße
Sonnenstraße
Deutsches Theater (geschlossen bis 2012)
Herzogspitalkirche
St. Anna
Radspieler
Asampassage
Asamkirche
Sendlinger Tor
SENDLINGER TOR
Stadtmuseum
Jüd. Museum
Synagoge
Angerkloster
Feuerwehrmuseum
St. Wilibrord
Marionettentheater
Blumenstr.
Team-Theater
Gärtnerplatztheater
St. Matthäus
Medizinische Klinik
Lindwurmstraße
Ziemssenstraße
Nußbaumstr.
Mathildenstr.
Pettenkoferstr.
Müllerstr.
Corneliusstr.
Reichenbachstr.
Rumfordstr.
Klenzestr.
Baaderstr.
200 m

mittel

Tour 6

Münchner Schickeria und Musenkuss

Max-Joseph-Platz → Marstallplatz → Maximilianstraße → Max-II-Denkmal

Die Maximilianstraße gilt als das Mekka der Münchner Schickeria: ein Laden teurer und schicker als der andere. Doch in der Nobelmeile und rund um den Max-Joseph-Platz präsentiert sich München auch als glanzvolle Opern- und Theaterstadt.

Start: Tram Max-Joseph-Platz (Linie 19) oder Ⓢ und Ⓤ Marienplatz
Ziel: Tram Max-II-Denkmal (Linie 19)
Wann: besonders stimmungsvoll gegen Abend

Bayer. Nationaltheater

Das geflügelte Pferd Pegasus und Apollo im Kreis der neun Musen prangen auf den Giebelfeldern des **Bayerischen Nationaltheaters** ❶. Die Säulen des größten Opernhauses in Deutschland sind Mozart, Verdi, Strauss und Wagner. Sir Peter Jonas, Staatsintendant bis 2006, gelang es, mit aufregenden neuen Inszenierungen das Haus verstärkt nach außen zu öffnen. Dirigenten von Weltrang standen am Pult des renommierten Staatsorchesters, das heute von Kent Nagano geleitet wird (www.staatsoper.de, www.staatsorchester.de). Opernluft schnuppern und hinter die Kulissen schauen kann man bei den Führungen durch das Nationaltheater – auch für Kinder und Jugendliche. Linker Hand grenzt die Glasfassade des **Neuen Resi-**

denztheaters ❷ an, das unter der Intendanz von Dieter Dorn Sprechtheater auf höchstem Niveau pflegt (www.bayerisches staatsschauspiel.de). Einen Musiktheater-Abend kann man stilvoll im **Spatenhaus** gegenüber der Oper beginnen oder ausklingen lassen (Residenzstr. 12, s. Restaurants S. 137).

Linker Hand betritt man von der Maximilianstraße aus die **Maximilianhöfe ❸**, einen modernen Gebäudekomplex aus Glas und Stahl mit exklusiven Modegeschäften und dem beliebten Restaurant **Brenner.** Dort trinkt und speist man in den einstigen Stallungen der königlichen Hofreitschule. Dahinter erstreckt sich die weite Piazza des **Marstallplatzes,** der sich im gläsernen neuen Probenhaus der Oper widerspiegelt. Überquert man den Platz zur gegenüberliegenden Residenz, erblickt man linker Hand die etwas versteckt liegende schöne neo-byzantinische Fassade der **Allerheiligen-Hofkirche ❹**, die König Ludwig I. ab 1826 errichten ließ. Im Zweiten Weltkrieg weitgehend zerstört, wurde die Kirche erst 2003 der Öffentlichkeit wieder zugänglich gemacht. Heute finden in ihrem Innenraum Konzertveranstaltungen statt. Rechts neben dem Eingang gelangt man durch ein schmales Tor in den kleinen **Kabinettsgarten.**

Maximilianhöfe

Was man von außen nicht ahnen kann: der Bau, der sich rechts an den Kabinettsgarten anschließt, birgt in seinem Inneren ein Juwel der höfischen Theaterbaukunst

Cuvilliéstheater

des Rokoko, das ***Cuvilliés-Theater** ❺. In dem von Cuvilliés im 18. Jahrhundert erbauten alte Residenztheater feierte Mozarts Oper »Idomeneo« 1781 ihre Uraufführung, und Mozart selbst wäre damals gerne in München Hofkapellmeister geworden.

Kammerspiele

Aus den Medien kennt man die **Maximilianstraße,** Einkaufsmeile der Schönen und Reichen, spätestens seit der skandalträchtigen Ermordung Rudolf Moshammers. Eine Sonnenbrille von Gucci, ein Handtäschchen von Dior? In der Maximilianstraße wird man auf jeden Fall fündig. Stadtauswärts geht es auf der Nobelmeile zu den **Kammerspielen im Schauspielhaus** ❻. Schon der Blick in das Foyer zeigt, dass es sich um ein wunderschönes Jugendstiltheater handelt. Experimentierfreudig und progressiv ist dagegen das Konzept des städtischen Theaters, das unter der Intendanz von Johan Simons auch junge Autoren und Regisseure im Programm hat (www.muenchner-kammerspiele.de). Restaurant-Tipp: **Conviva im Blauen Haus** ❼ in der Hildegardstraße, hinter den Kammerspielen (s. Restaurants S. 133).

Im GOP Varieté-Theater am Max II

Nach Überqueren des Altstadtrings erreicht man die Tram am Max-II-Denkmal. Dass Schauspielkunst nicht nur auf großen Bühnen stattfindet, beweist die kleine, aber renommierte Bühne des **GOP Varieté-Theaters** ❽ (www.variete.de), das in gewisser Weise die Tradition der nicht mehr existierenden Kleinen Komödie fortsetzt.

Touren im Anschluss: 18 und 19

Leuchtenberg Palais
Odeons-platz
ODEONSPLATZ
Galerie-str.
HOF-GARTEN
Deutsches Theatermuseum
Prinz-Carl-Palais
Haus der Kunst
Prinzregentenstraße
Prähistorische Staatssammlung
Bayerisches Nationalmuseum
Schack-galerie
Isar
Widenmayer-
Reitmorstr.
Seeaustr.
Lerchenfeldstr.
Himbselstr.
Siebertstr.
Monacensia-Sammlung
Maria-Theresia-Str.
Möhl-str.
Friedensengel
Luitpold-brücke
Europa-platz
Villa Stuck
Brienner Str.
Theatiner-kirche
Feldherrn-halle
Sammlung Ägyptischer Kunst
Bayerische Staatskanzlei
Hofgartenstr.
Münz-sammlung
Residenz
Akademie der Wissenschaften
Schatzkammer
Cuvilliestheater
Allerheiligen-Hofkirche
Marstall-platz
Residenz-theater
Theater im Marstall
Residenz-museum
National-theater
Max-Joseph-Platz
Hypo-Kunsthalle
Fünf Höfe
Theatinerstr.
Perusastr.
Maffeistr.
Resi-denzstr.
Salvator-str.
Marstallstr.
Maximilianstr.
Maximilianhöfe
Münze
Am Kosttor
Alter Hof
Neues Rathaus
Marienpl.
Wein-str.
Peterspl.
Hofbräu-haus
Platzl
Kammerspiele (Schauspielhaus)
Falckenberg-str.
Hildegardstr.
Conviva im Blauen Haus
GOP Varieté-Theater
Museum für Völkerkunde
Max-II-Denkmal
F.-Josef-Strauß-Ring
Karl-Scharnagl-Ring
Th.-Wimmer-Ring
Seitzstr.
Bruderstr.
Unsöldstr.
St.-Anna-Str.
Liebigstr.
Wagmüllerstr.
Alexandra-str.
Oettingen-str.
Triftstr.
St. Anna Kloster
LEHEL
Bürkleinstr.
Pfarrstr.
Robert-Koch-Str.
Thierschstr.
Stern-str.
Widenmayerstraße
Liebig-str.
Reit-morstr.
MAXIMILIANS-ANLAGEN
Maximiliansbrücke
Max-Planck-Straße
Maximilianeum (Landtag)
Maria-Theresia-Str.
Ismaninger Straße
Max-Weber-Platz
MAX-WEBER-PLATZ
Altes Rathaus Spielzeugmus.
St. Peter (Alter Peter)
Sparkassenstr.
Hoch-brücken-str.
Tal
Heilig-geistk.
Viktualien-markt
Dreifaltigkeits-platz
Westenriederstr.
Valentin-Karlstadt-Musäum
Isartor-platz
Isartor
ISARTOR
Schrannen-halle
Frauenstraße
Zwingerstr.
Utzschneider-str.
Rumford-str.
Klenzestr.
Zweibrückenstraße
Thiersch-str.
Knöbelstr.
Adelgundenstr.
St. Lukas
Mariannen-platz
Steinsdorf-straße
Praterinsel
Alpines Museum
Muffathalle
St. Nikolai
Hofbräu-keller
Wiener Platz
Innere Wiener Straße
Steinstr.
Skellstr.
Metzgerstr.
Kirchenstr.
St. Johann Baptist
Jugendstr.
N
0
200 m

Tour 7

lang

Bier und Salz im historischen München

Marienplatz → Platzl → Im Tal → Isartor → Wiener Platz → Einsteinstraße

Auf den historischen Pfaden der Salzstraße dem Bier auf der Spur, führt der Spaziergang vom Hofbräuhaus in der Innenstadt zum ehemaligen Bierkeller Jazzclub Unterfahrt in Haidhausen.

Start: Ⓢ und Ⓤ Marienplatz
Ziel: Ⓢ Isartor bzw. Ⓤ Max-Weber-Platz (U4, U5)
Wann: mittags oder abends bei Biergartenwetter

Gebraut wird in Bayern bis heute nach dem historischen Reinheitsgebot von 1516, das der Wittelsbacher Hof erließ, um den Pantschern das Handwerk zu legen. Oberste Brauherren waren die Herrschenden, insofern sei das **Hofbräuhaus** ❶ am **Platzl** an erster Stelle erwähnt. Viele Wege führen dorthin, trotzdem wird so mancher Passant gefragt: »Where is the Hofbrew-House?«. Seit 1589 steht das Hofbräuhaus im Herzen der Altstadt und zieht Bierfans aller Nationen wie magisch an. Der schönste Weg, gerade weil er nur von wenigen Gruppen frequentiert wird, führt durch die Burgstraße und den Alten Hof rechts in die Pfisterstraße, die auf das Platzl mündet (www.hofbraeuhaus.de).

Hofbräuhaus

Für den kulinarischen Genuss am Platz sorgt Gourmetkoch **Alfons Schuhbeck.** Zu seinem Küchenimperium gehören u. a. die **Südtiroler Stuben** (s. Restaurants S. 137), der **Gewürzladen** am Platzl, die Kochschule in den gegenüberliegenden **Platzlgassen ❷**, einer Altmünchner Innenhofpassage mit Laubengängen, und der **Eissalon** in der benachbarten Pfisterstraße 9–11. Die kleine, quirlige Ledererstraße ist immer gut für Entdeckungen: Heimatgefühl bei **Obacht'** (Nr 17, s. Shopping S. 141), Weltmusik bei **Shirokko** (Nr. 19), Italienflair in der **Bar Centrale** (Nr. 23)!

Schuhbeck's

In der Hochbrückenstraße wacht links das **Polizeirevier ❸**, vielen bekannt aus der Vorabend-Krimiserie »München 7« mit dem »Sheriff vom Marienplatz« Xaver Bertl und Felix Kandler.

Der Dürnbräugasse folgt man ins **Tal,** durch das ab dem elften Jh. die Salzstraße führte, auf der das »weiße Gold« transportiert wurde. Die Siedlung »Munichen« nahm mit dem Salzhandel einen raschen Aufschwung und wurde zu einer der bedeutendsten Handelsstädte entlang der Salzstraße. Im Gefolge der Händler siedelten sich seit dem Mittelalter viele Brauereien im Tal an. Von dieser Tradition zeugt noch das **Weiße Bräuhaus ❹,** eine zünftige größere Urmünchner Gaststätte mit traditionellen Spezialitäten auf der Speisekarte – zurück Richtung Marienplatz rechter Hand gelegen (www.weisses-brauhaus.de).

Lollipop und Alpenrock

Ein röhrender Hirsch weist im Tal zu **Lollipop und Alpenrock,** *der* Adresse für flippige, ausgefallene Designer-Trachten, bester Look für die Wiesn (Tal 27, nur nach tel. Vereinbarung unter 201 11 14, www.lolapaltinger.com). Wer sich für Kurioses, Historisches und Kitschiges rund um das größte Volksfest der Welt interessiert, steuert das **Bier- und Oktoberfestmuseum ❺** in der kleinen unscheinbaren Sterneckerstraße gegenüber an. Das Besondere an dem Museum ist das Haus selbst, vermutlich das älteste Bürgerhaus Münchens. Es wurde nach einem verheerenden Stadtbrand im Jahre 1327 errichtet, viele Elemente sind aus jenen Tagen erhalten, darunter die durch alle Stockwerke reichende »Himmelsleiter« (So u. Mo geschl., www.bier-und-oktoberfestmuseum.de).

Am **Isartor** mussten einst die Salzhändler ihre Zölle entrichten, denn hier mündete die von der Isar herkommende Salzstraße in die Stadt. Vom Isartor aus kann man den Weg bis zum **Wiener Platz** in Haidhausen entweder mit der Tram (Linie 18; ca. 5 Minuten) zurücklegen oder zu Fuß in etwa 30 Minuten laufen.

Hofbräukeller

Der **Hofbräukeller ❻** in der Inneren Wiener Straße 19 (s. Tour 18) ist ein stolzes Überbleibsel der einstigen Bierkeller, die von den Brauereien in den Steilhang des Isarhochufers gebaut wurden. Sie dienten ebenso wie die darüber gepflanzten schattigen Kastanien der Kühlung des Biers. Was lag näher, als das Getränk auch an Ort und Stelle zu konsumieren? Von der Brotzeit bis zum Tischtuch brachten die Münchner alles von zu Hause mit – der Biergarten war entstanden. Durch die Innere Wiener Straße und die Einsteinstraße – beide Straßen folgen dem Verlauf der alten Salzstraße – geht es zum **Unionsbräu ❼,** einer Münchner Hausbrauerei mit Gaststätte. Im ehemaligen Bierkeller ist Münchens bekannter **Jazzclub Unterfahrt** zu Hause (Einsteinstr. 42, s. Nightlife S. 144).

Jazzclub Unterfahrt

Tour im Anschluss: 18

ODEONSPLATZ
HOFGARTEN
Brienner Str.
Theatinerkirche
Feldherrnhalle
Sammlung Ägyptischer Kunst
Bayerische Staatskanzlei
Hofgartenstr.
Münzsammlung
Herkulessaal
Akademie der Wissenschaften
Residenz
Schatzkammer
Cuvilliéstheater
Marstallplatz
Residenzmuseum
Residenztheater
Theater im Marstall
Nationaltheater
Max-Joseph-Platz
Erzbisch. Palais
Hypo-Kunsthalle
Fünf Höfe
Theatinerstr.
Residenzstr.
Maximilianstr.
Schrammerstr.
Hofgraben
Münze
Platzlgassen
Am Kosttor
Platzl
Pfisterstr.
Alter Hof
Landschaftstr.
Neues Rathaus
Marienpl.
Petersplatz
Burgstr.
Altenhofstr.
Sparkassenstr.
Orlandostr.
Hofbräuhaus
Polizeirevier
Ledererstr.
Altes Rathaus Spielzeugmus.
Tal
Weisses Brauhaus
Hochbrückenstr.
Dürnbräu
St. Peter (Alter Peter)
Heiliggeistk.
Viktualienmarkt
Dreifaltigkeitsplatz
Westenriederstr.
Sterneckerstr.
Valentin-Karlstadt-Musäum
Bier- und Oktoberfestmuseum
Isartorplatz
Isartor
ISARTOR
Schrannenhalle
Frauenstraße
Kammerspiele (Schauspielhaus)
F.-J.-Strauß-Ring
Karl-Scharnagl-Ring
Th.-Wimmer-Ring
GOP Varieté-Theater
Maximilianstr.
Museum für Völkerkunde
Knöbelstr.
Max-II-Denkmal
Seitzstr.
Bruderstr.
Unsöldstr.
Liebigstr.
St.-Anna-Str.
St. Anna Kloster
St.-Anna-Platz
LEHEL
Bürkleinstr.
Pfarrstr.
Thierschstr.
Wagmüllerstr.
Triftstr.
Alexandrastr.
Oettingenstr.
Reitmorstr.
Sternstr.
Widenmayerstraße
Prinzregentenstraße
Bayerisches Nationalmuseum
Schackgalerie
Widenmayerstr.
Isar
Luitpoldbrücke
Friedensengel
Europaplatz
Prinzregentenstr.
Möhlstr.
Trogerstr.
Villa Stuck
0
200 m
N
MAXIMILIANSANLAGEN
Maximiliansbrücke
Max-Planck-Straße
Maximilianeum (Landtag)
Maria-Theresia-Str.
Ismaninger Straße
Max-Weber-Platz
MAX-WEBER-PLATZ
Unionsbräu
Schloßstr.
Skellstr.
Praterinsel
Alpines Museum
St. Lukas
Mariannenplatz
Steinsdorfstraße
Thierschstr.
Zweibrückenstraße
Rumfordstr.
Aventinstr.
Buttermelcherstr.
Klenzestr.
Kohlstr.
Morassistr.
Deutsches Patentamt
Ludwigsbrücke
Muffathalle
Müllersches Volksbad
Am Gasteig
Gasteig
St. Nikolai
Innere Wiener Straße
Hofbräukeller
Wiener Platz
Schiltbergerstr.
Steinstr.
Metzgerstr.
St. Johann Baptist
Kirchenstr.
Jugendstr.
Wolfgangstr.
St. Johannes
Preysingstr.

kurz

Von Verbrechern, Helden und Opfern

Königsplatz → Briennerstraße → Platz der Opfer des Nationalsozialismus → Odeonsplatz → Haus der Kunst

Zu den Schauplätzen der ruhmlosen Vergangenheit Münchens als »Hauptstadt der Bewegung« ebenso wie zu Gedächtnisstätten der Opfer und Widerstandskämpfer gegen das NS-Regime führt die Tour und deckt ein wichtiges Stück Münchner Geschichte auf.

Start: Ⓤ Königsplatz (U2)
Ziel: Tram Haus der Kunst (Linie 17)
Wann: bei leidlich gutem Wetter

München war schon früh Schauplatz nationalsozialistischer Geschichte. Es erlebte den Aufstieg Hitlers zum Parteichef der NSDAP und seinen Putschversuch im Jahre 1923 mit dem Marsch auf die Feldherrnhalle am Odeonsplatz.

Königsplatz: Propyläen

Der **Königsplatz** ❶ war die dramatische Kulisse für die Bücherverbrennungen im Jahre 1933. Erich Kästner sah unerkannt in der Menge zu, wie seine Werke mit dem Ruf »Gegen Dekadenz und moralischen Zerfall! Für Zucht und Sitte in Familie und Staat!« dem Feuer übergeben wurden. Oskar Maria Graf, dessen Werke von den Nazis zunächst nicht als unliebsam eingestuft wurden, rief in einem öffentlichen Brief zu deren Verbrennung auf, damit sie nicht »in die blutigen Hände« der Nazis gelangen würden. Zwei Jahre später wurde der Platz mit Granitplatten zum Aufmarschgelände umgestaltet. An der Ecke zur Arcisstraße befanden sich zu beiden Seiten die **Ehrentempel ❷** mit den Sarkophagen der beim Hitlerputsch getöteten Nationalsozialisten. Diese wichtige nationalsozialistische Kultstätte wurde 1947 gesprengt, nur die Sockel sind heute noch zu erkennen.

Musikhochschule

Zu beiden Seiten ließ Hitler rechts in der Meiserstraße den »Verwaltungsbau der NSDAP«, heute **Institutsgebäude und Museum für Abgüsse ❸** (unbedingt einen Blick hineinwerfen!) und links in der Arcisstraße den »Führerbau«, heute **Hochschule für Musik und Theater ❹**, errichten.

Das nicht zugängliche Grundstück auf der linken Seite der Briennerstraße, zwischen Arcisstraße und Karolinenplatz, ist das Areal des im Krieg zerstörten **Braunen Hauses ❺**, Hitlers Parteizentrale. Zurzeit finden dort Grabungen statt, um nach Überresten des alten Gebäudes und Zeugnissen aus jener Zeit zu suchen; eben hier soll das künftige Münchner NS-Dokumentationszentrum entstehen (s. auch www.muenchen.de/ns-dokumentationszentrum).

Denkmal der Opfer des NS

Kurz nach der Kreuzung Brienner-/Türkenstraße weist auf der linken Seite am Gebäude der Bayerischen Landesbank eine **Gedenktafel ❻** darauf hin, dass sich hier das Wittelsbacher Palais befand, in dem die Gestapo (Geheime Staatspolizei) ihren Sitz hatte. Schräg gegenüber brennt in dem **Denkmal der Opfer des Nationalsozialismus ❼** ein ewiges Feuer in Gedenken an die Opfer der Schreckensherrschaft der Nazis.

Die **Feldherrnhalle** ❽ am **Odeonsplatz** wurde nach der Machtergreifung durch die Nationalsozialisten 1933 zu einem zentralen Ort des NS-Kultes. Auf der Ostseite hatte Hitler eine Tafel mit den Namen der Gefallenen aus seinen Reihen anbringen lassen, die 1923 bei seinem Putschversuch ums Leben kamen. Davor war eine SS-Ehrenwache abgestellt. Als Passant musste man die Hand zum Deutschen Gruß erheben; wer dem entgehen wollte, machte den Umweg über das »Drückebergergassl«, wie im Volksmund die **Viscardigasse** ❾ hinter der Feldherrnhalle hieß. Heute erinnert eine im Boden eingelassene Tafel an die bei Hitlers Putschversuch getöteten Polizisten.

Vom Odeonsplatz führt die Tour durch den Hofgarten, an dessen nordöstlicher Ecke, vor den glasüberdachten ausgegrabenen Arkaden, das **Denkmal für den Widerstand** ❿ steht, ein schwarzer Kubus mit einem Textauszug aus den Flugblättern der Weißen Rose (s. Tour 10, S. 44). In Gedenken an diejenigen, die im Widerstand ihr Leben gelassen haben, legen Besucher – nach einer jüdischen Tradition – Steine auf dem Denkmal nieder.

Haus der Kunst

In der Eingangshalle vom **Haus der Kunst** ⓫ wird die Geschichte des Hauses dokumentiert (www.hausderkunst.de). 1937 eröffnet, zeigte es bis 1944 nazikonforme Kunst. Am Eröffnungstag wurde zeitgleich in den **Arkaden am Hofgarten** die polemisierende Propagandaveranstaltung »Entartete Kunst« abgehalten, zu dieser zählten die Nazis viele expressionistische Meisterwerke. Max Beckmann emigrierte noch am selben Tag und kehrte nie mehr in sein Heimatland zurück.

Tour im Anschluss: 20

ENGLISCHER
GARTEN
MAX-
VORSTADT
THERESIEN-
STRASSE
KÖNIGS-
PLATZ
UNIVERSITÄT
ODEONSPLATZ
LEHEL
Karls-
platz
(Stachus)
0
200 m
N
Theresienstraße
Steinheilstr.
Luisenstr.
Technische
Universität
Arcisstraße
Heßstr.
Neue
Pinakothek
Theresienstraße
Schellingstr.
Alte
Pinakothek
Mineralogische
Staatssammlung
Geowissenschaftliches
Institut
Türkenstr.
Paläontologische
Staatssammlung
Gabelsberger-
straße
Pinakothek
der Moderne
Museum
Brandhorst
St. Markus
Amalienstr.
Theresienstr.
Fremdsprachen-
institut
Ludwig-
Maximilians-
Universität
Ludwigstraße
Ludwigs-
kirche
Kaulbachstr.
Bayerische
Staats-
bibliothek
Veterinär-
str.
Königinstr.
Lenbachhaus
(im Umbau
bis 2012)
Glyptothek
Propyläen
Königs-
platz
Staatssammlung
Ägyptischer Kunst (i. Bau),
Hochschule für Fernsehen
und Film
Hochschule
für Musik und Theater
"Braunes Haus"
Barer
Str.
Brienner Straße
Karolinen-
platz
Obelisk
Ehrentempel
Staatliche
Antikensammlung
St. Bonifaz
Museum
für Abgüsse
Meiserstraße
Barer Str.
Max-Joseph-Str.
Gedenktafel
Oskar-von-Miller-
Ring
Schönfeld-
str.
Von-der-Tann-Straße
Siemens-
museum
Kardinal-Döpfner-Str.
Leuchtenberg
Palais
Odeons-
platz
Wittelsbacher-
platz
Galeriestr.
Deutsches
Theater-
museum
Prinz-Carl-
Palais
Haus der
Kunst
Japanisches
Teehaus
Prinzregentenstraße
F.-J.-Strauß-Ring
K.-Scharnagl-Ring
HOF-
GARTEN
Bayerische
Staats-
kanzlei
Platz der Opfer
des National-
sozialismus
Brienner Str.
Sammlung
Ägyptischer Kunst
Hofgartenstr.
Theatiner-
kirche
Feldherrn-
halle
Münz-
sammlung
Herkules-
saal
Residenz
Akademie der
Wissenschaften
Cuvilliestheater
Schatzkammer
Residenz-
museum
Residenz-
theater
Nationaltheater
Theater
im Marstall
St.Anna
Kloster
St.-Anna-Str.
Liebigstr.
Bruderstr.
Wagmüllerstr.
Viscardi-
gasse
Theatinerstr.
Residenzstr.
Jungfernturmstr.
Bayerische
Staatsbank
Kard.-Faulhaber-Str.
Hypo-
Kunsthalle
Fünf Höfe
Kleine
Komödie
Pacellistr.
Maxburgstr.
Maximilians-
platz
Wittelsb.-
brunnen
Dreifaltig-
keitskirche
Börse
Lenbach-
platz
Künstler-
haus
Sophien-
straße
Sophiensaal
ALTER
BOTANISCHER
GARTEN
Neptun-
brunnen
Elisenstraße
Prielmayerstr.
Luisenstr.
1
2
3
4
5
6
7
8
9
10
11

lang

Mekka für Kunstliebhaber – die Pinakotheken

***Pinakothek der Moderne → *Neue Pinakothek → *Alte Pinakothek → Königsplatz → Augustenstraße**

Ein Spaziergang und zugleich Zeitreise in die abendländische Kunst – ob zur Antike oder zu den Alten Meistern, ob zu den Impressionisten oder zur Moderne. Und wer die Zeit vergessen und inmitten der Kunst vielleicht nur in den blauen Himmel sehen möchte, kehrt in das wunderschöne Museumscafé im Innenhof der Glyptothek ein.

Start: **Tram Pinakotheken (Linie 27)**
Ziel: **Ⓤ Königsplatz oder Ⓤ Theresienstraße (beide U2)**
Wann: **montags und dienstags haben nicht alle Museen auf der Tour geöffnet; werktags außer Mo hat mindestens ein Museum Abendöffnung bis 20 Uhr**

Pinakothek der Moderne

Münchens jüngste Pinakothek ist die im Herbst 2002 eröffnete ***Pinakothek der Moderne ❶**. Entworfen von dem Münchner Architekten Stephan Braunfels, vereinigt sie unter ihrem Dach die verschiedenen Sammlungen zur Kunst des 20. und 21. Jhs. sowie Grafik, Architektur und Design. Wer auf Luxuskarossen oder Designermöbel abfährt, wird sich hier ebenso wohlfühlen wie Fans von Max Beckmann oder amerikanischer Minimal Art. Ein architektonisches Highlight ist die nach oben lichtdurchflutete Rotunde, deren Tiefgeschoss wie ein Tresor eine Sammlung zur internationalen zeitgenössischen Schmuck-Kunst beherbergt (www.pinakothek-der-moderne.de; Mo geschl., alle Pinakotheken So 1 Euro Eintritt). In unmittelbarer Nachbarschaft präsentiert das **Museum Brandhorst ❷** Kunst des 20. und 21. Jhs. mit Werken von Cy Twombly, Andy Warhol, Damien Hirst, Alex Katz, Gerhard Richter u. v. a. (www.museum-brandhorst.de, Mo geschl.).

Wer sich für die französischen Impressionisten interessiert, wird die 1981 eröffnete ***Neue Pinakothek ❸** mit ihrem Sammlungsschwerpunkt zur europäischen Kunst des 19. Jhs. schräg gegenüber ansteuern. Montags (15 Uhr) und mittwochs (18.30 Uhr) finden Führungen statt, die im Eintrittspreis enthalten sind (www.neue-pinakothek.de, Di geschl.).

Neue Pinakothek

Gegenüber der Pinakothek der Moderne steht die ***Alte Pinakothek ❹** mit einer der weltweit bedeutendsten Sammlungen europäischer Malerei, die den Bogen vom Mittelalter über die Renaissance und das Barock bis zum ausgehenden Rokoko spannt. Malern wie Rubens oder Rembrandt sind eigene Säle gewidmet. Leo von Klenzes klassizistisches Gebäude von 1836 war für die europäische Museumsarchitektur wegweisend (www.alte-pinakothek.de, Mo geschl.).

Durch die Arcisstraße gelangt man in die Antike am **Königsplatz** (s. auch Tour 8). Zwar stammen der Platz und die ihn rahmenden prächtigen Bauten aus dem Anfang des 19. Jhs. und sind der Griechenland-Begeisterung König Ludwigs I. zuzuschreiben, doch was die beiden Kunsttempel in ihrem Inneren bergen, ist echt antik. Beispielsweise lassen sich in der

Glyptothek

***Glyptothek** ❺, dem schönsten Museum Münchens, muskelbepackte Athleten und Göttinnen aus Stein bewundern. Lässt man sich darauf ein, scheinen das besondere Licht und die beredte Stille die über 2000 Jahre alten Statuen zu neuem Leben zu erwecken. Auch ein besonderer Ort, an dem sich die Zeit vergessen lässt, ist der Innenhof der Glyptothek mit dem Museumscafé (www.glyptothek.de, Mo geschl.).

Lenbachhaus

Die ehemalige **Künstlervilla** des Münchner Malerfürsten Franz von Lenbach und die ***Städtische Galerie im Lenbachhaus** ❻ sind zur Zeit nicht zu besichtigen. Sie werden nach Plänen des Architektenbüros Foster + Partners renoviert und neu gestaltet (Wiedereröffnung voraussichtlich im Sommer 2012). Bis dahin zeigt die Städtische Galerie Wechselausstellungen im unterirdischen **Kunstbau** (www.lenbachhaus.de). Von da aus gelangt man direkt zur Ⓤ Königsplatz.

Wer den Spaziergang stilvoll ausklingen lassen will, folgt der Brienner Straße ein kurzes Stück stadtauswärts und biegt rechts in die **Augustenstraße** zum Café und israelischen Restaurant **Schmock** ❼ (Augustenstr. 52, s. Restaurants S. 136) ein. Durch die Augustenstraße bummelt man weiter vorbei an hübschen Lädchen, Cafés, Eisdiele und asiatischem Supermarkt geradeaus zur Ⓤ Theresienstraße.

Tour im Anschluss: 8

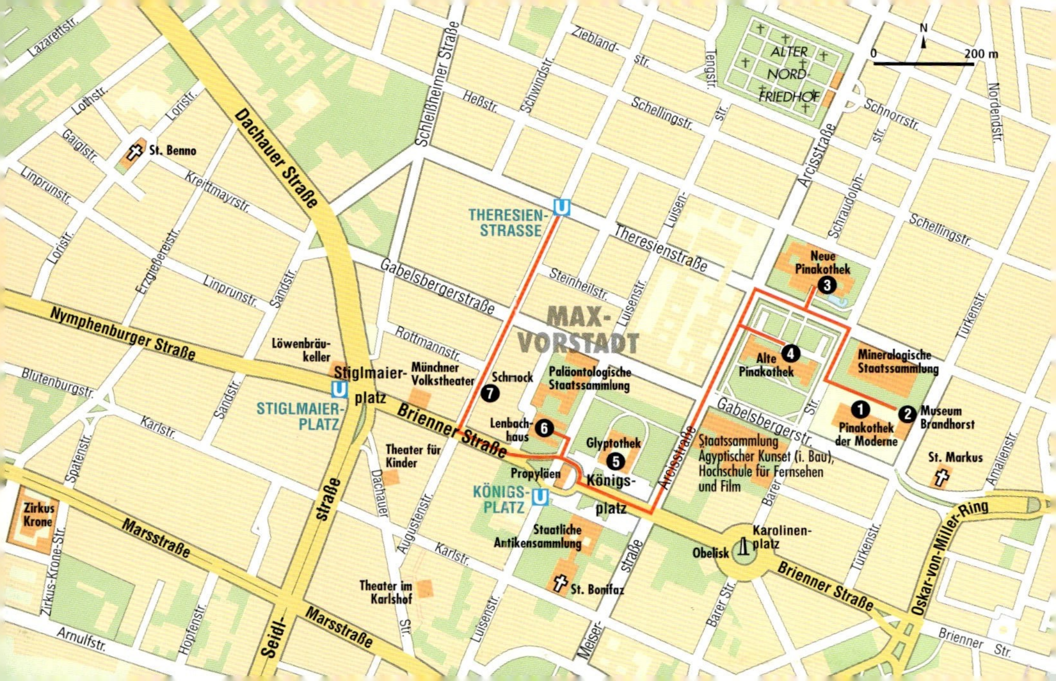

N
0
200 m
ALTER NORDFRIEDHOF
MAX-VORSTADT
THERESIEN-STRASSE
STIGLMAIER-PLATZ
KÖNIGS-PLATZ
Neue Pinakothek
Alte Pinakothek
Pinakothek der Moderne
Museum Brandhorst
Mineralogische Staatssammlung
Paläontologische Staatssammlung
Glyptothek
Lenbachhaus
Schmock
Propyläen
Königsplatz
Staatliche Antikensammlung
St. Bonifaz
Staatssammlung Ägyptischer Kunst (i. Bau), Hochschule für Fernsehen und Film
Karolinenplatz
Obelisk
St. Markus
St. Benno
Löwenbräukeller
Stiglmaierplatz
Münchner Volkstheater
Theater für Kinder
Theater im Karlshof
Zirkus Krone
1
2
3
4
5
6
7
Brienner Straße
Nymphenburger Straße
Dachauer Straße
Dachauer Str.
Marsstraße
Seidlstraße
Arcisstraße
Gabelsbergerstraße
Gabelsbergerstr.
Theresienstraße
Oskar-von-Miller-Ring
Schleißheimer Straße
Schellingstr.
Zieblandstr.
Tengstr.
Heßstr.
Schwindstr.
Schnorrstr.
Nordendstr.
Schraudolphstr.
Türkenstr.
Amalienstr.
Luisenstr.
Steinheilstr.
Rottmannstr.
Barer Str.
Meiserstraße
Karlstr.
Augustenstr.
Sandstr.
Linprunstr.
Erzgießereistr.
Kreittmayrstr.
Loristr.
Lothstr.
Gaiglstr.
Lazarettstr.
Blutenburgstr.
Spatenstr.
Zirkus-Krone-Str.
Arnulfstr.
Hopfenstr.

Tour 10

mittel

Maxvorstadt – Studenten, Künstler, Literaten

Universität → Schellingstraße → Türkenstraße → Alter Nördlicher Friedhof

Das Viertel hinter der Universität lädt mit seinen Buchhandlungen und Antiquariaten, Lokalen und Coffeeshops zum Genießen, Stöbern und Entdecken ein. Ein idyllischer Park lockt am Ende der Tour.

Start: Ⓤ Universität (U3, U6)
Ziel: Ⓤ Josephsplatz (U2)
Wann: werktags

Universität

Die **Ludwig-Maximilians-Universität** ❶ ist mit rund 50 000 Studenten eine der größten Hochschulen Deutschlands und wurde 2006 zur Elite-Uni gewählt. Nicht vergessen sind die beiden Studenten Hans und Sophie Scholl, nach denen der Platz vor der Universität benannt ist. Vor dem Haupteingang in den Boden **eingelassene Flugblätter** erinnern an deren Widerstand gegen den Nationalsozialismus. Die Geschwister warfen Flugblätter in den Lichthof, in dem heute die **DenkStätte Weiße Rose** (Sa und So geschl.) eingerichtet ist. Ein Hausmeister hatte sie dabei beobachtet und denunziert, wenige Tage später wurden sie und ihre Mitstreiter hingerichtet.

Bevor man rechts in die Schellingstraße biegt, fallen linker Hand die spitzen Türme der klassizistischen **Ludwigskirche** ❷ ins Auge. Benannt nach dem Auftraggeber der gleichnamigen

Prachtstraße, dem bayerischen König Ludwig I., birgt die Kirche im Chorraum mit dem »Jüngsten Gericht« von Peter Cornelius eines der größten Wandfreskos. Aber auch der Kirchenraum als solcher ist mit seinem sternenübersäten, nachtblauen Gewölbe sehenswert.

Ludwigskirche

Die **Schellingstraße** ist wie die benachbarte Amalien- und Türkenstraße das Herz des Studentenviertels, und nirgendwo sonst in der Stadt finden Schnäppchenjäger einen so reich gedeckten Büchertisch: ein Ladenraum voll Nostalgie ist das **Antiquariat Hauser** (Schellingstr. 17); zwei Häuser weiter bietet **Word's Worth** in einer Hinterhofidylle englische Bücher bis unters Dach, um nur zwei der vielen Buch-, Grafik- und Notenantiquariate zu nennen. Geht man rechts in die Türkenstraße, kommt man auf der linken Seite zum **Alten Simpl ❸**, dem Urgestein der einstigen Schwabinger Künstlerkneipen. Um 1900 von Kathi Kobus gegründet und nach der damals in München erscheinenden Satirezeitschrift »Simplicissimus« genannt, wurde das Lokal bald Treffpunkt für Künstler, Denker, Literaten, Alternative und Arrivierte, wie auf der Speisekarte nachzulesen ist. Die original vertäfelten Wände zieren Fotos der beliebten Wirtin und ihrer Stammgäste, wie z. B. Oskar Maria Graf, Frank Wedekind, Karl Valentin oder Joachim Ringelnatz; bezahlt wurde schon mal mit dem Vortrag eines selbst verfassten Couplets oder Gedichts. Das Lokal ist heute noch lebendig, aber die einst zähnefletschende, bissige Dogge des Simplicissimus-Zeichners Heine mutierte zum netten

Alter Simpl

Nicki Marquardt

Maskottchen und ist auch als Kuscheltier an der Bar zu bewundern ... Schräg gegenüber präsentiert **Nicki Marquardt** ihre kunstvollen Hutkreationen (Türkenstr. 78, s. Shopping S. 141). Die Torpassage führt zu den Ateliers im **Kunsthof Türkenstraße ❹**, einer kleinen, heilen Hinterhofwelt, in der junge Kunst gedeiht (s. auch www.akthof-zeichenstudio.de). Die nahe gelegene **Akademie der Bildenden Künste** (Akademiestr. 2), einen prächtigen Gründerzeitbau, hat das renommierte Wiener Architekturbüro Coop Himmelb(l)au um einen spektakulären Anbau zur Türkenstraße hin erweitert.

Apartment

Durch die Blütenstraße geht es weiter zur **Barerstraße.** Nach links lässt sich ein kurzer Abstecher zu dem fröhlich-bunten Kitschladen **Apartment ❺** (Barerstr. 49, s. Shopping S. 138) machen, und wer sehen möchte, wo der bayerische Schriftsteller Oskar Maria Graf bis zu seiner Emigration gewohnt hat, geht noch ein paar Häuser weiter zum **Kunstauktionshaus Neumeister ❻** (Barerstr. 37).

Zurück am Ausgangspunkt, gelangt man durch die Schnorrstraße geradeaus zum **Alten Nördlichen Friedhof ❼** – atmet tief durch und genießt die Ruhe. Inzwischen aufgelassen, wird der Friedhof heute als öffentlicher Park zum Spazierengehen, Joggen oder Picknicken benutzt. Verlaufen kann man sich hier nicht, und der Ausgang nach links, wo der große Spielplatz beginnt, führt auf die Zieblandstraße und durch die Teng- oder Görresstraße zur Ⓤ Josephsplatz. Im nahen italienischen Restaurant **Il Mulino ❽** mit seinem ruhigen Biergarten unter Bäumen (Görresstr. 1) kann man die Tour entspannt ausklingen lassen.

SCHWABING
MAX-VORSTADT
Leopoldstraße
GISELA-STRASSE
UNIVERSITÄT
JOSEPHSPLATZ
THERESIEN-STRASSE
Theater an der Leopoldstraße
LEOPOLD PARK
Schauburg
Theater k
Siegestor
Ludwig-Maximilians-Universität
Geschw.-Scholl-Platz
Prof.-Huber-Platz
Universität
Ludwigskirche
Bayerische Staatsbibliothek
Kunsthof Türkenstraße
Alter Simpl
Apartment
Kunstauktionshaus Neumeister
ALTER NORDFRIEDHOF
Il Mulino
St. Joseph
Josephsplatz
Neue Pinakothek
Alte Pinakothek
Mineralogische Staatssammlung
Paläontologische Staatssammlung
Münchner Volkstheater
Elisabethplatz
Ludwigstraße
Franz-Joseph-Straße
Elisabethstraße
Nordendstraße
Kurfürstenstr.
Schellingstr.
Theresienstraße
Gabelsbergerstraße
Arcisstraße
Türkenstr.
Amalienstr.
Akademiestr.
Adalbertstr.
Blütenstr.
Schnorrstr.
Zieblandstr.
Augustenstr.
Tengstr.
Görresstr.
Josephstr.
Adelheidstr.
Isabellastr.
Schraudolphstr.
Barer Str.
Georgenstr.
Agnesstr.
Keuslinstr.
Zentnerstr.
Winzererstr.
Schleißheimer Straße
Schwindstr.
Steinheilstr.
Heßstr.
Bauerstr.
Ainmillerstr.
Martiusstr.
Giselastr.
Konradstr.
Friedrichstr.
Kaulbachstr.
Veterinärstr.
0
200 m
N

lang

Münchner Lebensgefühl im Englischen Garten

Kleinhesseloher See → Chinesischer Turm → Monopteros → Eisbach

Der Englische Garten zählt zu den größten Stadtparks weltweit und ist größer als der Central Park in New York. Besonders im Sommer ist der Englische Garten Inbegriff der heiteren und gelassenen Münchner Lebensart mit Biergärten, bunt gemischtem Publikum und viel Natur.

Start: Ⓤ **Münchner Freiheit (U3, U6)**
Ziel: Ⓤ **Universität (U3, U6)**
Wann: **bei schönem Wetter im Sommer tummelt sich halb München im Englischen Garten**

Einer der Zugänge zum Englischen Garten beginnt an der Ⓤ Münchner Freiheit und führt durch das legendere Altschwabing (s. Tour 12, S. 51). Alte Laubbäume säumen den Schwabinger Bach. Halb links kommt der *__Kleinhesseloher See__ (Ruder- und Tretbootverleih) mit seinen drei Inseln in Sicht, Herzstück des Englischen Gartens und beliebtes Ausflugsziel der Münchner am Wochenende. Biegt man links ab, umrundet man den See in etwa 20 Minuten. Im **Seehaus ❶**, wo es sich am Ufer hervorragend speisen lässt, verlocken vor allem die Fischgerichte (s. Restaurants S. 137). Je nach Wetter hat auch der Biergarten direkt am Seeufer geöffnet. Auf

Biergarten am Seehaus

der kleinen Landzunge steht die von Pinienzapfen bekrönte Säule des **Denkmals** für Ludwig von Sckell, der den Park bis 1808 möglichst naturnah im englischen Stil mit Wasserläufen, dem See, Denkmälern und Pavillons als Blickpunkten gestaltete. Ursprünglich Wittelsbacher Jagdrevier und undurchdringliche, häufig überschwemmte Wildnis an der Isar, entstand auf dem Areal der Park auf Initiative des Amerikaners Benjamin Thompson alias Graf Rumford. Da er sozialreformerischen Ideen aufgeschlossen war, konnte er den bayerischen Kurfürsten von der Notwendigkeit eines Volksparks überzeugen, der für alle Gesellschaftsschichten zugänglich wäre – schließlich schrieb man das Jahr 1789, das Jahr der Französischen Revolution.

Der **Chinesische Turm** ❷ ist unbestritten der bekannteste und bunteste aller Münchner Biergärten. Rund um den alten Holzturm treffen sich Einheimische und Touristen, Studenten von der nahen Universität, Büro- und Freizeitmenschen. An den Wochenenden spielt vom 1. Stock des Turms eine Blaskapelle, die man gegen einen kleinen Obolus auch mal dirigieren darf (tgl. 10–22 Uhr, je nach Witterung).

Chinesischer Turm

Ein schöner Brauch wird hier gepflegt: Alljährlich lädt am dritten Sonntag im Juli um 6 Uhr früh der beliebte traditionelle **Kocherlball** zum Volkstanz rund um den Chinesischen Turm ein. Der Ball geht auf das 19. Jh. zurück, als im Sommer sonntags Küchenbedienstete, Kindermädchen und andere Hausangestellte sich in den frühen Morgenstunden vor Arbeitsbeginn zum Tanzvergnügen trafen. Wer mitfeiern möchte, sollte allerdings schon wirklich früh vor Ort sein!

Monopteros

Hinter dem Biergarten quert man eine Brücke über den Eiskanal und läuft auf den Hügel mit dem *Monopteros ❸ zu, einem klassizistischen Rundtempel, von wo aus man einen schönen Blick auf die Turmsilhouette der Stadt hat. Markant ragen die Doppeltürme der Frauenkirche heraus, rechts davon die gelbe Theatinerkirche, links der verspielte Turm des Neuen Rathauses und der Alte Peter. Im Winter ist der Abhang zum Rodeln wie geschaffen, im Sommer versammelt sich bei schönem Wetter halb München auf den Wiesen zum Sonnenbaden, Picknicken, Fußballspielen oder Tai-Chi-Üben, und von irgendwoher trägt der Wind Gitarren- und Trommelklänge heran.

Läuft man vom Monopteros weiter Richtung Süden und hält sich dann rechts, so erreicht man eine kleine Insel im Schwabinger Bach. Im Schatten der Bäume duckt sich ein **Japanisches Teehaus ❹**, das ein kleines Stück traditionelles Japan abseits der lärmenden Münchner Großstadt verkörpert. Im Sommer wird hier am 2. und 4. Wochenende jedes Monats die Japanische Teezeremonie vorgeführt.

An der **Brücke am Hirschanger ❺** neben dem Haus der Kunst versuchen die Riversurfer den perfekten Ritt auf einer stehenden Welle, für die München in Surferkreisen international bekannt ist. Von der Brücke aus kann man am romantischen Wasserfall vorbei am Eisbach entlang zurück nach Norden laufen, die FKKler bestaunen und selbst die Beine im Wasser baumeln lassen.

»Keep Surfing« im Eisbach

Tour im Anschluss: 10

0
200 m
N
Münchner Freiheit
Herzogstr.
Kaiser-pl.
St. Ursula
MÜNCHNER FREIHEIT
Feilitzschstr.
Haimhauserstr.
Markt-str.
Occamstr.
Wedekind-platz
Biedersteiner Str.
Liebergesellstr.
Isarring
Kleinhesseloher See
Seehaus
1
St. Sylvester
Schloss Suresnes
Fendstr.
Mandlstr.
Wilhelmstr.
Hohenzollernstr.
SCHWABING
Wernekstr.
Ainmillerstr.
Habsburgerplatz
Leopoldstr.
Franz-Joseph-Str.
M.-Josepha-Str.
KLEINHESSELOHE
ENGLISCHER GARTEN
Martiusstr.
LEOPOLD-PARK
GISELASTR.
Gedonstr.
Giselastr.
Kaulbachstr.
Königinstr.
Georgenstr.
Ohmstr.
Eisbach
Tucherpark
Am Tucherpark
Hirschauer Str.
Siegestor
Chinesischer Turm
2
Ifflandstr.
Geschw.-Scholl-Platz
Prof.-Huber-Platz
UNIVERSITÄT
TIVOLI
Veterinärstr.
Monopteros
3
Tivolistr.
M.-Josef-Brücke (Tivolibrücke)
Isar
Staatsbibliothek
Ludwigskirche
Ludwigstr.
Dianastr.
Emil-Riedel-Str.
Königinstr.
Kaulbachstr.
Eisbach
Japanisches Teehaus
4
Schönfeldstr.
Von-der-Tann-Str.
Prinz-Carl-Palais
Haus der Kunst
Brücke am Hirschanger
5
Lerchenfeldstr.
Theatermuseum
Prinzregentenstr.
Bayer. Nationalmuseum
Oettingenstr.
Schackgalerie
Widenmayerstr.
Isar
Monacensiasammlung
Maria-Theresia-Str.

Tour 12

lang

Bohèmeviertel und Partymeile in Schwabing

Wedekindplatz → Gunezrainerstraße → Seestraße → Leopoldstraße → Ludwigstraße

Auf der Spurensuche nach den Anfängen des einstigen Künstler-, Rebellen- und Bohèmeviertels: Rund um den ehemaligen Dorfkern zeigt Altschwabing seine idyllischen Seiten. An warmen Sommertagen lädt die Leopoldstraße mit Tischen und Stühlen auf dem breiten Gehsteig zu Eiskaffee und Cocktail ein.

Start: **Ⓤ Münchner Freiheit (U3, U6)**
Ziel: **Ⓤ Universität (U3, U6)**
Wann: **am Wochenende ist weniger Verkehr auf der Leopoldstraße**

Feilitzschstraße

Ein wenig kommerziell ist das alte Künstlerviertel Schwabing geworden, aber besonders in den Seitenstraßen atmet man noch das alte Flair. Durch die **Feilitzschstraße,** vorbei an Mamas Kebabhaus (heißer Tipp für Döner-Fans *und* Vegetarier) und flippigen Klamottenläden, gelangt man zum **Wedekindplatz ❶**, dem Herzen Alt-Schwabings. Namensgeber Frank Wedekind war vielseitig talentiert und engagiert: Mitbegründer des »Simplicissimus«, Schauspieler, Regisseur und Autor von Skandalstücken wie »Lulu« und »Frühlingserwachen«. Sein Name steht exemplarisch für ein Schwabing, das mit seiner schillernden Szene bis in die 1920er-Jahre geistige Heimat für (Lebens-)Künstler und Literaten war. Am Wedekindplatz nahmen 1962 die »Schwabinger Krawalle« ihren Anfang, bei denen junge Leute sich tagelange Straßenschlachten mit der Polizei lieferten, und die den Auftakt für die APO-Unruhen in den späten 1960er-Jahren bildeten.

Vieregghof

An die dörfliche Vergangenheit Schwabings erinnert noch der **Vieregghof ❷** mit seinem Maibaum an der Ecke zur **Gunezrainerstraße.** In dem Eckhaus gegenüber, in der **Feilitzschstraße Nr. 32 ❸**, lebte in einer kleinen Junggesellenwohnung im 3. Stock für einige Jahre der Schriftsteller Thomas Mann, der hier im Sommer 1900 seine »Buddenbrooks« vollendete. Damals stand er erst am Anfang seiner Karriere – für seinen großen Familienroman erhielt er 1929 den Literaturnobelpreis. Biegt man in die Gunezrainerstraße, sieht man nach wenigen hundert Metern linker Hand auf einer kleinen Anhöhe den trutzigen Turm der im Kern gotischen Pfarrkirche **St. Sylvester ❹**. Rechts geht es in die **Mandlstraße** am Englischen Garten (s. Tour 22) und am Schwabinger Bach entlang bis zu Münchens beliebtem **Standesamt ❺** (Mandlstr. 14), das mit seinen Säulen und dem Parkgrün dahinter die romantische Kulisse für so manches Trauungsfoto abgibt.

An der Kreuzung **Seestraße** und **Werneckstraße** erreicht man rechts das **Schloss Suresnes (Werneckschlössl) ❻**, einen ehemaligen Schwabinger Landsitz, wie er typisch für das 18. Jahrhundert war, als sich Adlige in dem Dorf vor den Toren der Stadt niederließen. Versteckt hinter Mauern beherbergte es einst in seiner wechselvollen Geschichte auch den Maler Paul Klee, der von 1919 bis 1921 hier ein Atelier gemietet hatte. Zurück, über

Seidlvilla

die Seestraße hinaus, an der Kreuzung zur Nikolaistraße, liegt als letzte Station im idyllischen Alt-Schwabing das offene Bürgerhaus und der große Garten der **Seidlvilla ❼**, zu deren vielfältigem Kulturangebot auch Lesungen, Konzerte und ein spannendes Kinderprogramm gehören (www.seidlvilla.de). Einer Schwabinger Bürgerinitiative ist es zu verdanken, dass dieses schöne Haus mit Garten in den 1970er-Jahren nicht abgerissen wurde.

Gelangt man durch die Nikolai- in die verkehrsreiche **Leopoldstraße,** wird man sogleich vom pulsierenden Leben der Großstadt überspült. Hier kann man flanieren, vorbei an Geschäften (nicht nur für Waldorfkinder: **Kunst und Spiel** in Hausnr. 48), Modefilialen und Straßencafés (legendär: **Café Roxy** im 1980er-Jahre-Stil). Mindestens zwei Mal im Jahr ist die Leopoldstraße autofrei: Während des Streetlife-Festivals im Frühjahr und Herbst gehört der »Corso Leopold« den Gauklern, Tänzern, Musikern, Akrobaten, den Schaulustigen und Fußgängern (www.corso-leopold.de). Dann lebt wieder etwas vom fröhlichen WM-Flair auf, als Tausende von ausgelassenen Fans an der Leopoldstraße ihre Partys feierten. In Richtung Innenstadt geht in Riesenschritten der **Walking Man ❽** des amerikanischen Künstlers Jonathan Borofsky voran. Am klassizistischen **Siegestor ❾** erreicht man das feierliche Entrée in die **Ludwigstraße** und die Innenstadt.

Walking Man

Tour im Anschluss: 10

BONNER PL.
Rheinstraße
DIETLINDENSTR.
Leopoldstr.
Ungererstr.
Dietlindenstr.
Karl-Theodor-Str.
Siegfriedstr.
Morawitzky-str.
Kunigunden-str.
Biedersteiner Str.
Ansprengerstr.
Viktoria-str.
Bismarckstr.
Münchner Freiheit
Gohrenstr.
Biedersteiner Str.
Liebergesellstr.
Herzogstr.
Herzogstr.
Haim-hauserstr.
Occamstr.
Kaiser-pl.
MÜNCHNER FREIHEIT
Römerstr.
St. Ursula
Kaiserstr.
Wilhelm-str.
Wedekind-platz
Feilitzschstr.
St. Sylvester
Kleinhesseloher See
Vieregghof
Hohenzollernstr.
SCHWABING
Fendstr.
Wagner-str.
Wernerckstr.
Schloss Suresnes
Mandlstr.
Ainmillerstr.
Wilhelmstr.
Leopoldstr.
Nikolai-pl.
Seestr.
Standesamt
Seidlvilla
M.-Josepha-Str.
KLEIN-HESSELOHE
Franz-Joseph-Str.
Schau-burg
GISELASTR.
Martiusstr.
Thiemestr.
LEOPOLD-PARK
Konradstr.
Friedrich-str.
Gedonstr.
Gisela-str.
Kaulbachstr.
Königin-str.
ENGLISCHER GARTEN
Theater k
Georgenstr.
Walking Man
Ohmstr.
Ohmstr.
Akadamie der Bildenden Künste
Akademiestr.
Türkenstr.
Siegestor
Schackstr.
Amalienstr.
Chinesischer Turm
Hirschauer Str.
TIVOLI
Geschw.-Scholl-Platz
Prof.-Huber-Platz
Kaulbachstr.
Königinstr.
UNIVERSITÄT
Veterinärstr.
Tivolistr.
Staats-bibliothek
Monopteros
Ludwigs-kirche
Ludwigstr.
Theresienstr.
Emil-Riedel-Str.
N
0
200 m
1
2
3
4
5
6
7
8
9

Tour 13

mittel

Schöne Fassade des Lebens – Westschwabing

Ainmillerstraße → Elisabethplatz → Hohenzollernstraße

Hinter Jugendstilfassaden, die noch etwas vom Glanz des legendären Schwabing um 1900 widerspiegeln, hielten Schmuck- und Modeläden Einzug und machen Lust, den neuesten Trends nachzuspüren.

Start: Ⓤ Giselastraße
Ziel: Ⓤ Münchner Freiheit
Wann: während der Ladenöffnungszeiten

Ainmillerstraße 22

Ein besonders farbenprächtiges Beispiel eines Schwabinger ***Jugendstil-Wohnhauses** ❶ findet sich in der **Ainmillerstraße** 22 aus dem Jahr 1900. In den anmutigen Figuren, Blüten- und Blattranken drückt sich das neue Geschmacksideal aus, das sich an den Formen der Natur orientiert. Die Abkehr des Jugendstils vom überladenen Pomp des Historismus zeigt sich auch in den feinen eleganten Stuckgirlanden am Nachbarhaus (Nr. 20). Ein kurzer Schlenker zu den geschmückten Roben der Designerin **Natascha Müllerschön** ❷ führt links über den Habsburger Platz. Auf dem Weg zurück durch die Friedrich- in die Ainmillerstraße sieht man vorne die Silhouette der **Sankt-Ursula-Kirche,** wie sie Wassily Kandinsky auf einem Bild gemalt hat, das in der Städtischen Galerie im Lenbachhaus hängt. Mit Gabriele Münter wohnte er links in der Ainmillerstraße im heute zerstörten Gartenhaus von Nr. 36; seine Nachbarn in der Schwabinger Zeit um 1900 waren Paul Klee mit Familie (Nr. 32). Es waren Namen wie diese, die zum legendären Ruf des Künstlerviertels Schwabing beitrugen. In dem **Haus Nr. 34** lebte für kurze Zeit, bevor er Deutschland 1919 endgültig verließ, Rainer Maria Rilke. Und immer wieder lassen sich Jugendstilfassaden entdecken, wie die Häuser Nr. 33–35 und Nr. 37 und auf dem weiteren Weg nach links durch die Römerstraße – hier mit besonders reicher Stuckverzierung das **Jugendstil-Eckhaus** an der Franz-Josephstraße 38 linker Hand. Rechts geht es durch die Franz-Joseph-Straße auf den **Elisabethplatz** zu. Anspruchsvolles Theater für junges und jüngstes Publikum bringt die **Schauburg am Elisabethplatz ❸** auf die Bühne. Manche der Vorstellungen sind schon lange im Voraus ausgebucht (www.schauburg.net). Für die Mittagspause bietet sich der **Elisabethmarkt ❹**, der »Viktualienmarkt« Schwabings, mit seinen Ständen und dem kleinen Biergarten an. Auch sehr nahe und für Fans der asiatischen Küche sehr zu empfehlen ist das beliebte **Viet Fun Bistro** (Elisabethstr. 4, Sa abends geschlossen). Leckere griechische Fischgerichte bekommt man in der auch optisch sehr ansprechenden Weintaverne **Kalypso ❺** (Agnesstr. 8, s. Restaurants S. 134).

Jugendstil-Eckhaus

Wer sich an Hausfassaden nicht satt sehen kann, biegt rechts um die Ecke in die Isabellastraße und bewundert am **Jugendstil-Haus Nr. 22** die Mosaike, die sogar die

Kalypso

Unterseite der Balkone verzieren. Folgt man der Isabellastraße weiter nach Norden bis rechts in die Hohenzollernstraße, kann man links in der Belgradstraße 5 dem stilvollen Designer-Modehaus **Off & Co.** ❻ einen Besuch abstatten. Schräg gegenüber gibt es in dem kleinen sympathischen Laden **Milch & Honig** (Nr. 4) »Leckeres für's Bad«, von handgemachten Seifen und wohlriechenden Essenzen bis hin zu Bett- und Nachtwäsche.

Politische Prominenz under cover hatte einst die **Kaiserstraße** zu bieten, nächste Station auf der Spurensuche in Westschwabing: Ein paar Häuser weiter, im Haus **Nr. 46,** wohnte unter dem Decknamen Meyer eine zeitlang Wladimir Iljitsch Lenin. Im Hoftrakt von **Nr. 47** zeigt Ingo Maurer, Träger des deutschen Designpreises 2009, im eigenen **Showroom** ❼ seine Lichtobjekte (So und Mo geschl.). Im Vorderhaus lässt man sich in der Enoteca **Passaparola** Pizza aus dem Holzofen schmecken.

Ein kurzes Wegstück zurück, gelangt man über die Römerstraße in die **Hohenzollernstraße,** wo verschiedenste Läden für Schmuck, Couture, Schuhe, Trödel und Antiquitäten Lust auf einen Einkaufsbummel wecken. Afrikanischen Schmuck und Wohnaccessoires aus Afrika gibt es bei **Africa & House** (Nr. 50); **Absatz** (Nr. 33) ist die Adresse für ausgefallene Schuhkreationen; ausgewählten ethnischen Schmuck findet man bei **Kult** (Nr. 40). Im Jugendstilhaus Nr. 11 befindet sich das **Café Florian** mit seinem schönen Interieur, das ein wenig an das berühmte Café Florian in Venedig erinnern soll; im Keller befindet sich die dazugehörige kleine schicke Coccodrillo Bar.

Africa & House

Touren im Anschluss: 11 und 12

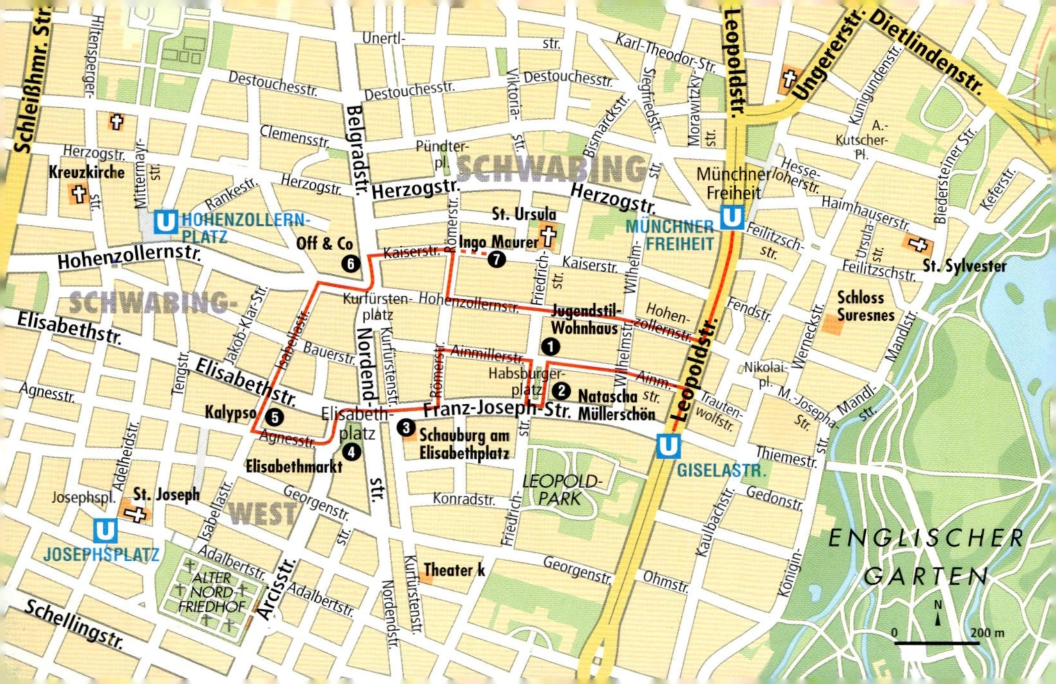
SCHWABING
SCHWABING-WEST
ENGLISCHER GARTEN
MÜNCHNER FREIHEIT
GISELASTR.
HOHENZOLLERNPLATZ
JOSEPHSPLATZ
1 Jugendstil-Wohnhaus
2 Natascha Müllerschön
3 Schauburg am Elisabethplatz
4 Elisabethmarkt
5 Kalypso
6 Off & Co
7 Ingo Maurer
St. Ursula
St. Sylvester
St. Joseph
Kreuzkirche
Schloss Suresnes
Theater k
LEOPOLDPARK
ALTER NORDFRIEDHOF
Leopoldstr.
Ungererstr.
Dietlindenstr.
Schleißhmr. Str.
Hohenzollernstr.
Elisabethstr.
Belgradstr.
Herzogstr.
Franz-Joseph-Str.
Nordendstr.
Kurfürstenplatz
Elisabethplatz
Habsburgerplatz
Kaiserstr.
Römerstr.
Ainmillerstr.
Friedrichstr.
Wilhelmstr.
Isabellastr.
Agnesstr.
Arcisstr.
Schellingstr.
Georgenstr.
Adalbertstr.
Konradstr.
Kurfürstenstr.
Destouchesstr.
Clemensstr.
Karl-Theodor-Str.
Münchner Freiheit
Feilitzschstr.
Fendstr.
Werneckstr.
Mandlstr.
Thiemestr.
Gedonstr.
Kaulbachstr.
Ohmstr.
Königinstr.
0 200 m
N

kurz

Grün über dem Tunnel

Petuelpark → Luitpoldpark → Bamberger Haus

Der Petuelpark ist nicht wirklich schön und idyllisch; aber er ist ein spannendes Beispiel dafür, was für vielfältige Möglichkeiten entstehen, wenn der Autoverkehr erst einmal in den Untergrund verbannt wird. Großer Blick von kleinem Hügel: Vom 37 m hohen Luitpoldhügel aus präsentiert sich – bei entsprechendem Wetter – die Münchner Turmsilhouette vor der Kulisse der Alpen.

Start: Ⓤ Milbertshofen (U2)
Ziel: Ⓤ Scheidplatz (U2, U3)
Wann: besonders stimmungsvoll gegen Abend, wenn die Lichter angehen

Um den Autoverkehr hinter sich und unter sich zu lassen, überquert man eine Fußgängerbrücke über den Nymphenburg-Biedersteiner-Kanal in den **Petuelpark** ❶ – Luft zum Durchatmen, denn die Autos rollen ab hier unterirdisch. Statt Lärm und Abgase haben die Anwohner seit 2004 einen modernen Park zum Entspannen, Flanieren und Spielen. Ein Treffpunkt und Kunstforum ist der **Kubus/Café Ludwig** ❷ am Fontänenplatz. Der gläserne Pavillon beinhaltet einen nur von außen einsehbaren Ausstellungsraum, der von der Städtischen Galerie im Lenbachhaus bestückt wird (www.cafe-

Petuelpark

ludwig.net; www.lenbachhaus.de). Keine Straßenschneise trennt mehr die beiden Stadtteile Milbertshofen und Schwabing. Dennoch, von beschaulicher Gartenidylle kann hier nicht die Rede sein; das war auch nicht die Absicht der beiden Landschaftsarchitekten Jühling und Bertram. Sie schufen ein künstlerisches Pendant zu dem darunter liegenden Mittleren Ring mit trassenartig dahinziehenden Flanier- und Radlstrecken und einer Spielmeile für Kinder mit schönem Wasserspielplatz. Verschiedene Kunstobjekte nehmen ebenfalls engen Bezug auf die unsichtbare Blechlawine, wie das **Periskop ❸**, das einen Blick auf die Autos im Untergrund gewährt, oder das **Lichtkunstkonzept** aus über 70 Edelstahlsäulen mit eingelassenen Autoscheinwerfern. Mit dem Park ist ein öffentlicher Kunstraum entstanden, in dem es Nachdenkliches, Rätselhaftes oder Absurdes zu entdecken gibt, wie die wasserspuckenden **Zwei Paar Stiefel ❹** auf einer Kiesinsel am Ende des Kanals oder das ebenso bunte wie ungewöhnliche **Reiterstandbild** namens »Go«. Nebenan am Mittleren Ring, wo der Tunnel die Autos wieder ausspuckt, sind die beiden markanten Hochhaustürme mit ihrer spiegelnden Fassade, die **High-Light Towers** von Helmut Jahn aus Chicago, aus nächster Nähe zu sehen.

Reiterstandbild

Auf dem Uferweg geht es am Kanal entlang zurück in die Barlachstraße und links in die Belgradstraße. Rechter Hand erstrecken sich die weitläufigen Liegewiesen der **Georgenschwaige ❺**, eines kleinen ruhigen Sommerbades am nördlichen Ende des Luitpoldparks (www.swm.de). Links vor dem Eingang zum Bad zweigt ein Fußweg in den **Luitpoldpark** ab. Nach ein paar Hundert Metern geht es links in sanften Serpentinen auf den **Luitpoldhügel ❻**. Er wurde mit dem Ruinenschutt aus dem Zweiten Weltkrieg aufgeschüttet. Das Gipfelkreuz gedenkt folglich den »unter den Bergen von Trümmern Verstorbenen«.

Luitpoldhügel

Nach dem Olympiaberg, der ebenfalls aus Kriegstrümmern erwuchs, ist der Luitpoldhügel die zweithöchste Erhebung Münchens. Von oben hat man einen fantastischen ***Blick** auf die Allianz Arena im Norden – vor allem abends ist der Anblick imposant, wenn an Spieltagen der »Schwimmreifen« in den jeweiligen Vereinsfarben glüht. Von der Plattform im Süden kann man je nach Witterung über die Türme hinweg bis in die Alpen schauen. Der Park war mit seinen ursprünglich 90 Linden und dem Obelisken ein Geschenk der Münchner an ihren Prinzregenten Luitpold zu seinem 90. Geburtstag. Entstanden ist eine wunderschöne Stadtoase mit Wiesen zum Fußballspielen und Entspannen. Quer durch den Park, an seinen westlichen Rand, führt der Weg zum kleinen Parkschlösschen **Bamberger Haus ❼** mit seinem Garten, Liegestühlen und der Terrasse unter alten

Bamberger Haus

Bäumen. Zu ihrem Namen ist die Villa wegen ihres originalen üppig-barocken Fassadenschmucks gekommen, der von einem Gartenpalais aus Bamberg stammt. Das Restaurant **La Villa** (Oktober bis Ostern Mo geschl., www.restaurant-la-villa.de) vereint das besondere Flair des Schlösschens mit vorzüglichem Essen. Die Voelderndorfstraße führt aus dem Park auf die Belgradstraße, wo es links zur Ⓤ Scheidplatz geht.

N
0
200 m
Schenkendorfstr.
AS München-Schwabing
Leopoldstraße
Leopold-
straße
Karl-Weinmair-Str.
Johann-Fichte-Str.
Eduard-Schenk-Str.
St. Lanpert
Kleingärten
4 Stiefel
2 Kubus
3 Periskop
1
PETUELPARK
Petueltunnel
Nymphenburg-Biedersteiner Kanal
Barlachstr.
Wartburg-pl.
Tristan-
Heckscherstr.
Isoldenstr.
Rümannstr.
Mottl-str.
Mainzer str.
Hörwarthstr.
Denzinger-Str.
Hans-
MILBERTSHOFEN
Kraepelinstr.
James-Löb-Str.
Parzival-
Scheid-pl.
Knorrstr.
Georgenschwaig-str.
Belgradstr.
SCHEIDPLATZ
5 Bad Georgenschwaige
GEORGENSCHWAIGE
LUITPOLD-PARK
6
Luitpold-hügel
Voelderndorffstr.
Sophie-Scholl-Gymnasium
7 Bamberger Haus
Dankeskirche
Nietzschestr.
Frohschammer-str.
Brunnerstr.
Burgunder-str.
Bamberger Str.
Schleißheimer Straße
Schleißheimer Str.
Keferloherstr.
RIESENFELD
Riesenfeldstr.
PETUELRING
Petuelring
Birnauer Str.
Gartenstr.
Lerchenauer Straße
Hornstr.
Winzererstr.

Hightech, Sport und moderne Architektur

mittel

Mittlerer Ring → Olympiastadion → Olympiapark

Ob als sportliche Spaßtour oder als Kulturspaziergang durch eine faszinierende Architekturlandschaft – die Tour durch den Olympiapark, die ihren Ausgang bei der BMW Welt nimmt und zur kleinen Ost-West-Friedenskirche von Timofej führt, lässt sich den unterschiedlichen Interessen entsprechend gestalten.

Start: **Ⓤ Olympiazentrum (U3)**
Ziel: **Tram Goethe-Institut (Linie 20 und 21)**
Wann: **romantisch bei Einsetzen der Dunkelheit auf dem Olympiaturm, erlebnisreich im Juni/Juli während des Tollwood Festivals (s. Events S. 148)**

Die beste Rund- und Nahsicht auf die moderne Architektur am Mittleren Ring bietet sich, wenn man dem Walther-Bathe-Weg geradeaus auf die Fußgängerbrücke über den Georg-Brauchle-Ring folgt. Jüngster Coup der Münchner Automobilfirma: die **BMW Welt** ❶ mit ihrer weit geschwungenen, dynamischen Dachlandschaft nach dem Entwurf des Wiener Architekturbüros Coop Himmelb(l)au. Das Erlebnis- und Auslieferungszentrum empfängt sowohl Abholer als auch Besucher, ausgestellt sind aktuelle Modelle, es gibt einen Junior-Campus, verschiedene Restaurants und einen Shop (9–18 Uhr; www.bmw-

Vierzylinder und silberne Schüssel

welt.de). In direkter Nachbarschaft sind die silberne **»Schüssel«** und der **»Vierzylinder«,** wie sie im Volksmund auch genannt werden, weitere architektonische Markenzeichen der Firma, gestaltet Anfang der 1970er-Jahre. Die Architektur der **Konzernzentrale** besticht durch die Idee, die vier runden Bürotürme an einem oben sichtbar hervorstehenden Kern aufzuhängen. In der Museumsschüssel gegenüber und in dem benachbarten neuen Pavillon kommen Auto- und Motorradfans auf ihre Kosten: das **BMW-Museum ❷** stellt in einer medientechnisch anspruchsvollen Show und an Hand von Originalexponaten die Firmengeschichte und Fahrzeugentwicklung ins Rampenlicht (Mo geschl.; www.bmw-museum.de).

Zeltdachkonstruktion

Der 290 m hohe **Olympiaturm** aus den 1960er-Jahren (letzte Auffahrt 23.30 Uhr; mit dem Restaurant 181 in 181 m Höhe, www.drehrestaurant.de) und die kühne, denkmalgeschützte ***Zeltdachkonstruktion** von Behnisch und Partner aus dem Anfang der 1970er-Jahre sind längst zu einem Wahrzeichen der Stadt geworden. Fantastische Aussichten bietet dabei nicht nur der Turm, sondern auch die zweistündige **Zeltdach-Tour** (Mindestalter 10 Jahre, Sportschuhe!; März–Anfang Nov., s. S. 66). Ursprünglich für die Olympischen Sommerspiele 1972 errichtet, werden die drei zeltdachüberspannten Hallen heute vielseitig genutzt. Am Aquarium **Sea Life ❸** mit seiner besonders für Kinder spannenden Unterwasserwelt (www.sealife.de) vorbei, gelangt man nach rechts zur **Olympia-Schwimmhalle ❹**, heute eine Sauna- und Wellness-Oase und ein beliebtes Ziel für Langzeitschwimmer (ab 23 Uhr geschl., www.olympiapark.de), und läuft geradeaus auf das **Olympiastadion** ❺ zu (ab 20 Uhr geschl.). Hier kann man geführte Touren mitmachen, die von der Zeltdach-Tour über das Abseilen vom Dach bis zur Architek-Tour zu Bauwerken des Olympiaparks reichen (Tel. 30 67 24 14, www.olympiapark.de). Bei sportlichen Großereignissen wie z.B. einer Fußballweltmeisterschaft kommen zigtausend Besucher, um die Live-Übertragungen der Spiele zu verfolgen und bis spät in den Abend zu feiern. Auf der Bühne im See, dem **Theatron,** finden im Sommer Open-Air-Konzerte statt. Zudem stehen im Olympiapark häufig bunte Fun- und Action-Events auf dem Programm.

Ein Blick zurück: als Ende der 1960er-Jahre das weite ungenutzte Ödland mit der 60 m hohen Abraumhalde aus dem bombenzerstörten München für die Olympischen Spiele in den Olympiapark umgewandelt wurde, konnte sich – mit Unterstützung aus der Bevölkerung und der Presse – der russische Eremit Timofej, der sich am Rande des Schuttbergs aus Trümmerstücken ein Haus und eine Kapelle gebaut hatte, einer Zwangsumsiedelung erfolgreich widersetzen. »Väterchen Timofej«, wie er sich selbst nannte, ist inzwischen tot, doch an ihn erinnern ein kleines Museum, das allerdings nicht immer geöffnet ist, und seine **Ost-West-Friedenskirche** ❻ auf dem winzigen verwunschenen Grundstück inmitten eines Schotterplatzes.

Tollwood Festival

Im angrenzenden Areal findet jährlich im Juni/Juli das **Tollwood Festival** statt (s. Events S. 148), ein international angehauchtes Kulturfestival und einer der Höhepunkte im Münchner Veranstaltungskalender (www. tollwood.de). Über die Wiese und durch die Hedwig-Dransfeld-Allee geht es zur Tramhaltestelle in der Dachauer Straße.

N
0
200 m
OLYMPIAZENTRUM
Brundage-
platz
Lerchenauer Straße
P+R
1 BMW Welt
2 BMW-Museum
Hans-Braun-Brücke
Lillian-Board-Weg
Walter-Bathe-Weg
Georg-Brauchle-
Ring 2R
Petuelring
Saporro-Bogen
Olympiahalle
Coubertin-
pl.
Olympiaturm
(Fernsehturm
290 m)
Olympia-
Eisstadion
Willi-Daume-
Pl.
3 Sea Life
Lutz-Long-
Ufer
4 Olympia-
Schwimmhalle
Olympiastadion
5
Theatron
Olympiasee
Willi-Gebhardt-Ufer
OLYMPIAPARK
OLYMPIA-
PARK
Olympiaberg
(564 m)
Spiridon-Louis-Ring
Rudolf-Harbig-Weg
Willi-Gebhardt-Ufer
Winzererstr.
Willi-Gebhardt-Ufer
Spiridon-Louis-Ring
Ackermannstr.
Therese-Studer-
Str.
6 Ost-West-
Friedenskirche
Elisabeth-Kohn-Str.
Rudolf-Harbig-Weg
H.-Lange-Weg
Ackermannstraße
Dachauer Str.
Helene-Weber-
Allee
Rosa-
Luxemburg-
Pl.
Saportastr.
Schwere-Reiter-Str.
Elisabethstr.

lang

Großmachtgelüste und der Traum vom Fliegen

Altes Schloss → Neues Schloss → *Schlosspark → Schloss Lustheim → Flugwerft

In Schleißheim, im Norden von München gelegen, geraten nicht nur Kunstliebhaber auf einem Spaziergang durch den einzigartigen Barockpark mit schönster Schlossarchitektur ins Schwärmen; auch Technikfreunde bekommen in der historischen Flugwerft und der Luftfahrt-Ausstellung des Deutschen Museums leuchtende Augen. Zur Brotzeit einigt man sich auf die Mitte – im Biergarten der Schlosswirtschaft.

Start: Ⓢ **Oberschleißheim (S1)**
Ziel: Ⓢ **Oberschleißheim (S1)**
Wann: **Bei jedem Wetter; außer montags (Schlösser geschlossen)**

Neues Schloss Schleißheim

Was man zu sehen bekommt, ist vom Feinsten, sobald man die 10 Minuten Fußmarsch entlang der Effnerstraße hinter sich hat. Gleich im ersten Hof, dem Wilhelmshof, geht es nach links durch den Maximilianshof zum **Alten Schloss Schleißheim ❶**, einem herzoglichen Landsitz im Stil der Spätrenaissance. Gegenüber erstreckt sich das **Neue Schloss Schleißheim ❷** – stolzes Zeugnis der Großmachtgelüste eines bayerischen Kurfürsten. Max Emanuel, der sich Hoffnungen auf die Habsburger Kaiserkrone machte, ließ diesen Bau ab 1701 nach dem Vorbild großer Königsschlösser wie Versailles beginnen. Vollendet wurde der Bau nie, doch der Haupttrakt ist eindrucksvoll genug. Innen kommt man sich in dem triumphalen Treppenhaus ziemlich klein vor; es besticht die französische Eleganz der Festsäle und Appartements, an deren Ausstattung die gefragtesten Künstler der Zeit mitgewirkt haben, u. a. Cosmas Damian Asam, Jacopo Amigoni und Johann Baptist Zimmermann. Mit Schlachtengemälden und Historienbildern an Wänden und Decken und mit Kriegstrophäen aus Stuck ließ sich Max Emanuel als großer Feldherr und Kriegsheld ein Denkmal setzen – 1683 hatte er erfolgreich Wien gegen die Türken verteidigt und Belgrad erobert. In den Galerieräumen zeigen die Bayerischen Staatsgemäldesammlungen eine sehenswerte Auswahl europäischer Barockmalerei (www.schloesser-schleissheim.de).

Die weitläufige Anlage des ***Schlossparks** ❸ ist ein schönes, noch weitgehend unverändertes Beispiel barocker Gartenbaukunst: Blumenrabatten mit Skulpturen, glitzernde Wasserflächen, breite Sichtachsen, versteckte, von Hecken und schattigen Alleen umsäumte Lichtungen: Perfekte Symmetrie, die der Natur abgerungen wird. Im Sommer gibt der Schlosspark auch eine großartige Kulisse für Open-Air-Konzerte ab.

Schlosspark Schleißheim

Entlang dem breiten Mittelkanal gelangt man zu dem auf Sichtachse gelegenen **Schloss Lustheim** ❹. Der Name deutet auf die Bestimmung dieses Garten- und Jagdschlösschens hin, das Max Emanuel seiner Braut, der österreichischen Kaiserstochter

Maria Antonia, für die gemeinsamen Flitterwochen schenkte. Dass die Ehe glücklos verlaufen sollte, auch dass Max Emanuel dann mit einer polnischen Königstochter dort wohnte, steht auf einem anderen Blatt. Heute beherbergt das Schloss eine **Meißener Porzellan-Sammlung** (ein Zweigmuseum des Bayer. Nationalmuseums). Die Schlösser sind montags geschlossen. Um zurück zum Ausgangspunkt am südlichen Parkeingang zu gelangen, folgt man den Wegen durch die Boskettgärten, die sich parallel zum Mittelkanal erstrecken, und verlässt den Park.

Flugwerft

Die nächste Station ist das **Deutsche Museum Flugwerft ❺**, das man von der restaurierten alten Flugwerft von 1918 aus betritt. Die lichten neuen Ausstellungshallen zeigen, wie von den urtümlichen Fluggerippen Otto Lilienthals bis zu Motorflugzeugen, Hängegleitern und Segelflugzeugen der Traum vom Fliegen Wirklichkeit wurde. Flugzeuge aus Holz mit Stoffbespannung aus der Anfangszeit der Fliegerei sind ebenso zu sehen wie moderne Prototypen voller Elektronik. Die schweren Militärmaschinen sind am Boden ausgestellt, die leichteren Flugobjekte bevölkern den Luftraum der Halle. Eine Besonderheit ist die gläserne Flugzeug-Restaurierungswerkstatt, wo die Besucher der Flugwerft den Werkmeistern von einer Galerie aus bei den Arbeiten über die Schulter schauen können. Auf dem Flugplatz vor der Halle starten und landen zu besonderen Anlässen immer noch Oldtimer (tgl. 9–17 Uhr, www.deutsches-museum.de). Auf dem Rückweg durch die Effnerstraße kommt man rechter Hand an der **Schlosswirtschaft** und dem **Biergarten** vorbei (Maximilianhof 2, Tel. 315 15 55). Hier lohnt eine Einkehr, bevor es geradeaus zurück zur Ⓢ Oberschleißheim geht.

Oberschleißheim
BERGLHOLZ
LUSTHEIM
SCHLOSSPARK
SCHLEISSHEIM
OBERSCHLEISSHEIM
Mittenhmr. Str.
Roidornstr.
Eichenstr.
Am Stutenanger
Wilhelm-K.
Th.-Heuss-Str.
Feierabendstr.
Am
Isar-
bach
Gartenstr.
Eigenheimstraße
Jahnstr.
Neuapostol. K.
Holzhackerstr.
Kreuzstraße
Mitten-
heimer Str.
Dachauer Straße
Freisinger Str.
Sonnenstr.
Bahnhofs-
pl.
Schönleuthner-
str.
Str.
Effnerstr.
Altes
Schloss
1
Maxi-
milians-
hof
Fliederweg
Max-Emanuel-Pl.
Neues
Schloss
2
Kapelle
Gemäldesammlung
Amigonistr.
3
Schloss
Lustheim
4
Porzellansammlung
Hochmutinger Str.
Mariahilfkapelle
Elsternweg
Elsternweg
Münchener Allee
Allee
5
Deutsches Museum
Flugwerft Schleißheim
August-Schmauß-
N
0
200 m

kurz

Isarrauschen – Prater- und Museumsinsel

Gasteig → Isar → Praterinsel → Museumsinsel

Ans Wasser, übers Wasser und am Wasser entlang geht es über Brücken zu den Münchner Isarinseln. Angesteuert werden Museen und architektonische Industriedenkmäler, Badespaß versprechen ein Jugendstil-Hallenbad und je nach Jahreszeit auch die Isar.

Start: Tram Gasteig (Linie 18)
Ziel: Tram Deutsches Museum (Linie 18)
Wann: bei schönem Wetter im Sommer, außer montags

Die kleine Kirche **St. Nikolai** ❶ auf der Anhöhe am **Gasteig** gehörte zu einem Haus für Leprakranke, das hier – in sicherer Entfernung – vor den Toren der Stadt auf dem rechten Isarhochufer im 13. Jh. erbaut wurde. Die Innere Wiener Straße folgt dem Verlauf der alten Salzstraße, die zur Isar hinunter und nach München hinein führte.

Müllersches Volksbad

Rechts zweigt ein kopfsteingepflasterter Weg zum ***Müllerschen Volksbad** ❷ ab. Der von dem Münchner Bürger Karl Müller gestiftete Jugendstilbau gilt als das erste öffentliche Hallenbad der Stadt und zählt zu den allerschönsten Hallenbädern Deutschlands: Zu der prachtvollen Ausstattung im Inneren gehören reich stuckierte Tonnengewölbe, kunstvolle Wasserspeier und sogar noch die originalen Umkleidekabinen aus

Holz (Mo 7.30–17, Di–So 7.30–23 Uhr; mit finnischer Sauna, römisch-irischem Schwitzbad, Türkischem Bad, Solarien und Café). Direkt gegenüber ragt der markante Turm von Münchens erstem Elektrizitätswerk in die Höhe. Das Industriedenkmal **Muffatwerk ❸** wird heute kulturell genutzt und ist aus der Münchner Szene nicht mehr wegzudenken (s. Nightlife S. 145). Ein Geheimtipp ist der dazugehörige kleine Biergarten, der auch Weine und Ökosäfte anbietet und im Sommer wegen seiner Nähe zur Isar angenehm kühl ist (Mo–Do ab 17, Fr–So ab 12 Uhr).

Einst führte man die Stromkabel auf dem **Kabelsteg** – daher der Name – über die Isar in die Stadt. Heute benutzen Fußgänger und Radfahrer die über 100 Jahre alte elegante Bogenbrücke, um auf die **Praterinsel** und weiter an das westliche Ufer zu gelangen. Über das Brückengeländer hinweg schweift der Blick auf die Kiesbänke, wo sich im Sommer die Sonnenanbeter aalen.

Bergsteiger vor dem Alpinen Museum

Für sein **Alpines Museum ❹** (Mo geschl.) hätte sich der Deutsche Alpenverein keinen passenderen Ort als die Isar wünschen können, entspringt sie doch als alpiner Wildfluss im Karwendelgebirge. Die Sammlung führt an Hand von historischen Fotografien, Gemälden und Stichen die unbeschreibliche Faszination der Alpen und deren Erschließung durch den Menschen anschaulich vor Augen. Im Garten dokumentiert eine geologische Schausammlung an uralten Steinblöcken die Entstehungsgeschichte der Alpen. Entspannte Atmsphäre herrscht auf der Wiese mit ihren Liegestühlen und im **Museumscafé Isarlust,** während sich die Kinder an Felsblöcken im Klettern ohne Seil üben können.

Ein kurzer Abstecher führt zu dem benachbarten spätklassizistischen Gebäudekomplex der ehemaligen Essig- und Likörfabrik Riemerschmid. Er gehört heute dem **Aktionsforum Praterinsel ❺,** das seine Räume an Künstler vermietet und für Veranstaltungen nutzt. Im Innenhof finden im Sommer die beliebten Tango-Nächte und das Salsafestival statt.

Vater-Rhein-Brunnen

Auf dem Wehrsteg, der die Isar in zwei Flussarme teilt, gelangt man zur **Museumsinsel.** Dass der **Vater-Rhein-Brunnen ❻** ausgerechnet an der Isar steht, ist eine Ironie der Geschichte: Der von Adolf von Hildebrand geschaffene nackte Flussgott gehörte zu einer Brunnenanlage in Straßburg, als diese dann aber abgebrochen wurde, gelangte die Figur nach München.

Dort, wo heute die **Ludwigsbrücke ❼** die Isar überquert, legte wahrscheinlich auch Heinrich der Löwe einen Isarübergang für den Salzweg an, und damit begann Münchens Geschichte. Jenseits der Brücke geht es auf der **Museumsinsel** zum ***Deutschen Museum ❽** (tgl. 9–17 Uhr, www.deutsches-museum.de). Es hat die höchsten Besucherzahlen aller Museen bundesweit und erläutert verständlich die Gebiete der Technik und der Naturwissenschaften – vom Bergbau bis zur Astrophysik in 50 Abteilungen. Das Kinderreich begeistert die jüngsten Forscherinnen und Forscher mit einem eigenen Spiel- und Lernbereich. In der ehemaligen Eisenbahnhalle bietet das **Zentrum für Neue Technologien (ZNT)** eine Plattform für aktuelle Themen aus Naturwissenschaften und Technik.

Deutsches Museum

Deutsches Theatermuseum
HOF-GARTEN
Bayerische Staatskanzlei
Hofgartenstr.
Herkules-saal
Akademie der Wissenschaften
Residenz
Cuvilliéstheater
Residenz-theater
Theater im Marstall
Nationaltheater
Maximilian-str.
Münze
Platzl
Hofbräu-haus
Kammerspiele (Schauspielhaus)
Bräuhaus-str.
Hoch-brücken-str.
Herrnstr.
Tal
Valentin-Karlstadt-Musäum
Isartor-platz
Isartor
ISARTOR
Thiersch-str.
Rumfordstr.
Zweibrückenstraße
Aventinstr.
Morassistr.
Kohlstr.
Baader-str.
Deutsches Patentamt
Europäisches Patentamt
Erhardt-straße
Bosch-brücke
Museumsinsel
Deutsches Museum
Cornelius-brücke
Eduard-Schmid-Str.
Schweiger-straße
Zeppelinstr.
Falkenstraße
Lilienstr.
Hochstr.
Rabl-str.
F.-J.-Strauß-Ring
Karl-Scharnagl-Ring
Th.-Wimmer-Ring
Prinzregentenstraße
Bayerisches Nationalmuseum
Seitzstr.
Bruderstr.
Unsöldstr.
Wagmüllerstr.
Alexandra-str.
Oettingen-str.
Schack-galerie
Reitmorstr.
Widenmayer-str.
Isar
Luitpold-brücke
Liebigstr.
St.-Anna-Str.
Triftstr.
Liebig-str.
Reit-morstr.
St. Anna Kloster
LEHEL
Pfarrstr.
Thierschstr.
Stern-str.
Widenmayerstraße
MAXIMILIANS-ANLAGEN
GOP Varieté-Theater
Maximilian-str.
Max-II-Denkmal
Museum für Völkerkunde
Knöbelstr.
Adelgundenstr.
Steinsdorf-straße
Liebherrstr.
St.Lukas
Maximiliansbrücke
Max-Planck-Straße
Maximilianeum (Landtag)
Praterwehr-brücke
Aktionsforum Praterinsel
Praterinsel
Alpines Museum
Mariannen-brücke
Kabel-steg
Skellstr.
Hofbräuhaus-keller
Wiener Platz
Zellstr.
Muffat-werk
St.Nikolai
Innere Wiener Straße
St. Johannes
Preysingstr.
Auf der Insel
Vater-Rhein-Brunnen
Karl-Müller-Weg
Müllersches Volksbad
Am Gasteig
Ludwigsbrücke
Rosen-heimer Straße
Philharmonie
Gasteig
Kellerstr.
Putrichstr.
Stein-str.
Rosenheimer Platz
ROSENHEIMER-PLATZ
Franziskaner-str.
St.Wolfgang
N
0
200 m
1
2
3
4
5
6
7
8

Tour **18**

mittel

Haidhausen – Wohnen im Wandel der Zeit

Max-Weber-Platz → Wiener Platz → Johannisplatz → Preysingstraße → Bordeauxplatz → Pariser Straße → Weißenburger Platz → Preysingplatz → Gasteig

Das einstige Glasscherbenviertel finden die einen zu schick, die anderen schätzen die familiäre und entspannte Atmosphäre. Auf dem Spaziergang durch das ehemalige Herbergsviertel gibt es niedrige Herbergshäuser und stolze Gründerzeitfassaden, ein lebendiges Kulturleben, einladende Restaurants und originelle Läden zu entdecken.

Start: Ⓤ Max-Weber-Platz (U4, U5)
Ziel: Ⓢ Rosenheimer Platz
Wann: während der Ladenöffnungszeiten

In der Inneren Wiener Straße führt **An der Kreppe ❶** eine versteckte Treppenpassage hinunter in einen Hohlweg mit Hinterhofcharakter. Die alte Schmiede und drei niedrige Herbergsanwesen, die sich an den Hang ducken, geben einen Eindruck von der ursprünglichen Bebauung Haidhausens. Viele dieser Kleinhäuser mussten gegen Ende des 19. Jahrhunderts repräsentativen Mietshäusern im Neobarockstil weichen. Beispiele für diese neuen Stadtpaläste finden sich oben auf dem **Wiener Platz,** dem Marktplatz von Haidhausen. Rund um den Maibaum haben sich verschiedene Stände angesiedelt. Das beherrschende Gebäude am Platz ist der **Hofbräu-**

An der Kreppe

keller ❷ (s. Tour 7, S. 34). Die Brauerei produziert längst außerhalb der Stadt, geblieben sind der Keller und die Wirtschaft mit ihrem beliebten Biergarten auf der Isarseite.

Durch die Chorherrstraße geht es auf die neogotische Haidhauser **Pfarrkirche St. Johann Baptist** ❸ am **Johannisplatz** zu, die stolz wie eine Kathedrale in den Himmel ragt. Für alle, die Lust auf stylische Mode haben, lohnt ein Abstecher in die Wörthstraße zu **Venus** (Wörthstr. 1, s. Shopping S. 143). Ein paar Hausnummern weiter befindet sich auch Haidhausens »Bayerischer Japaner« **Nomiya,** ein echtes kulinarisches Highlight (Wörthstr. 7, s. Restaurants S. 135).

Üblackerhäusl

Folgt man der Preysingstraße, stößt man auf das kleine **Üblackerhäusl** ❹ (Preysingstr. 58), in dem das Stadtmuseum ein Herbergenmuseum unterhält. In den niedrigen, sparsam möblierten Räumen lässt sich nachempfinden, wie bedrängt das Wohnen in vorindustrieller Zeit war. Gegenüber steht der rund 300 Jahre alte hölzerne **Kriechbaumhof** ❺, der vom Deutschen Alpenverein genutzt wird (Preysingstr. 71). Ursprünglich wohnten in solchen Anwesen mehrere Familien von kleinen Handwerkern, Tagelöhnern oder Krämern unter einem Dach. Die Wohnungen waren von Außentreppen und Laubengängen aus einzeln zugänglich. Auf der rechten Seite der Preysingstraße schließen sich mehrere Kleinhäuser mit Bauerngärten an, die dem Viertel fast dörflichen Charakter verleihen. Heute wohnen hier Handwerker und Künstler, die die Anwesen aufwändig saniert haben. Ein paar Schritte wei-

Kriechbaumhof

ter lädt die beliebte Viertel-Kneipe **Zum Kloster ❻** (Preysingstr. 77, kein Ruhetag) zu einer Pause ein.

Folgt man der Metzstraße nach rechts, erreicht man den **Bordeauxplatz ❼**, eine gründerzeitliche Platzanlage, die von stattlichen Mietshäusern umstanden ist. Durch die Pariser Straße am Ende des Platzes gelangt man nach rechts in die Lothringer Straße. In der **lothringer 13 ❽**, einer städtischen Kunsthalle in einer ehemaligen Fabrik, haben junge Künstler ein Ausstellungsforum gefunden (Di–So 14–20 Uhr; aktuelle Ausstellungen auf www.lothringer13.de). Rund um den idyllischen **Weißenburger Platz** mit seinem Glaspalast-Springbrunnen und entlang der Metz-, Sedan- und Milchstraße entdeckt man Second-Hand-Boutiquen, Öko- und Kinderläden, Cafés und Restaurants.

Nächste Station ist der **Preysingplatz.** Im Café Restaurant **Più ❾** sind Große und Kleine willkommen, Kinder können sich im eigenen Lese- und Spielbereich beschäftigen, bei schönem Wetter lockt die Sonnenterrasse (tgl. 10–1 Uhr). Der ruhige Platz vor der Johanneskirche wirkt mit den Stühlen und Tischen im Freien wie ein großes Open-Air-Ess- und Spielzimmer.

Schließlich erreicht man durch die Holzhof- und Kellerstraße das **Kulturzentrum am Gasteig ❿**. Der Name leitet sich von der Bezeichnung »Gaacher Steig« (Steiler Weg) ab, wie einst der Weg von den Isarauen hinauf auf die Anhöhe genannt wurde. Der mächtige Backsteinbau beherbergt von der Philharmonie bis zur Volkshochschule wichtige Kultureinrichtungen der Stadt (www.gasteig.de). Für das leibliche Wohl sorgt das moderne Restaurant **gast** (www.gast-muenchen.de).

Kulturzentrum Am Gasteig

Museum für Völkerkunde
Max-II-Denkmal
Maximiliansbrücke
MAXIMILIANS-
Max-Planck-
Maximilianeum (Landtag)
Max-Planck-
Straße
MAX-WEBER-PLATZ
Max-Weber-Platz
Einsteinstraße
Ismaninger Straße
Maria-Theresia-Str.
Trogerstr.
Seeriederstr.
Schloß-str.
Tal
Mariensttr.
Knöbelstr.
Thierschstr.
Th.-Wimmer-Ring
Valentin-Karlstadt-Musäum
Isartor-platz
Isartor
ISARTOR
Thiersch-str.
Rumford-str.
Zweibrückenstraße
Steinsdorf-straße
Praterwehr-brücke
Praterinsel
Praterinsel
Alpines Museum
St. Lukas
Mariannen-brücke
Kabel-steg
Zellstr.
Muffathalle
Müllersches Volksbad
Karl-Müller-Weg
Auf der Insel
Meillerweg
ANLAGEN
Grütznerstr.
Sckellstr.
An der Kreppe
Hofbräukeller
Wiener Platz
Kirchenstr.
Johannis-Platz
Metzgerstr.
Herrstr.
St. Johann Baptist
Schilt-berger-str.
Steinstr.
Jugendstr.
Wolfgangstr.
Leonhardstr.
Alte Haid-hauser Kirche
Kirchenstr.
St. Nikolai
Innere Wiener Straße
St. Johannes
Piu
Preysingstr.
Preysing-str.
Kriechbaumhof
Zum Kloster
Üblacker-häusl
Metzstr.
St. Elisabeth
Aventinstr.
Morassistr.
Deutsches Patentamt
Kohlstr.
Ludwigsbrücke
Rosen-heimer Straße
Am Gasteig
Gasteig
Holzhof-str.
Pütrichstr.
Milchstr.
Milchstr.
Steinstr.
Wörth-
Kellerstr.
Gasteig
Stadt-bibliothek
Sedanstr.
Metzstr.
Bordeauxplatz
Baader-
Europäisches Patentamt
Erhardt-straße
Deutsches Museum
Museumsinsel
Deutsches Museum
Lilienstr.
Hochstr.
Kellerstr.
Stein-str.
Sedanstr.
HAIDHAUSEN
Rosenheimer Platz
ROSENHEIMER-PLATZ
Weißenburger Platz
Weißenburger Str.
Pariser Platz
Str.
Belfortstr.
Orleans-platz
Ostbahnhof
OSTBAHNHOF
Cornelius-brücke
Rabl-
Eduard-Schmid-Str.
Schweiger-
Zeppelinstr.
Lilienstr.
Am Hergottseck
Hochstr.
straße
kanerstr.
Lothringer
Lothringer 13
Pariser
Gravelottestr.
POST-WIESE
Str.
Orleansstraße
Rosenheimer Straße
N
0
200 m
Franzis-
St. Wolfgang
St. Wolfgangs-platz

kurz

Nobeladresse: München-Lehel

St.-Anna-Platz → Maximilianstraße → Thierschstraße → Mariannenplatz → Isartor

Der Spaziergang führt durch ein bürgerliches Wohnviertel an der Isar mit hochherrschaftlichen Mietshäusern und prächtigen Stuckfassaden aus der Gründerzeit.

Start: Ⓤ Lehel (U4, U5)
Ziel: Ⓢ Isartor
Wann: donnerstags ist am St.-Anna-Platz ab ca. 11 Uhr Bauernmarkt

Der **St.-Anna-Platz** ist das Herz des Stadtviertels Lehel: Hier spielen Kinder, laden Bänke unter hohen Bäumen zum Ausruhen ein, wird donnerstags Markt abgehalten, trifft man sich in der Mittagspause oder nach Büroschluss auf der Terrasse des kleinen beliebten Feinkostgeschäfts und Restaurants **Gandl** ❶ (So geschl.). Die wuchtige neoromanische **Pfarrkirche St. Anna** ❷ von Gabriel von Seidl beherrscht den Platz. Aufmerksamkeit verdient aber vor allem die gegenüberliegende ***Klosterkirche St. Anna** ❸, die als frühes Meisterwerk des süddeutschen Rokoko gilt. Am St.-Anna-Platz im **Haus Nr. 2** ❹ verbrachte der Schriftsteller Lion Feuchtwanger seine Kindheit. Seine Familie gehörte zum jüdischen Großbürgertum der Stadt. In sei-

Klosterkirche St. Anna

nem Roman »Erfolg« schilderte Feuchtwanger 1930 den Aufstieg der bayerischen Nationalsozialisten zu Beginn der 1920er-Jahre.

Hotel Opéra

Folgt man der **St.-Anna-Straße** nach Süden, so fällt auf der linken Seite ein elegantes Stadthaus auf, das Hotel **Opéra** ❺ (St.-Anna-Str. 10, s. Hotels S. 130). Sie sollten einen Blick in den italienisch angehauchten Arkadenhof werfen, wo es sich lauschig frühstücken lässt. Was man nicht sieht – allenfalls hört – ist der Eisbach, der unter dem Haus fließt. Ursprünglich beherbergte es Ende der 1890er-Jahre ein Delikatessengeschäft, im kalten Eisbach wurden Fische und Hummer frisch gehalten.

Regierung von Oberbayern

Die angrenzende Bürgerhauszeile gibt noch eine Vorstellung von der ursprünglichen Bebauung des alten Stadtteils, bevor die Gründerzeit ihre riesigen Stadtpaläste hochzog. Durch die hohen Torbögen der **Regierung von Oberbayern** ❻ gelangt man auf die Maximilianstraße. Das von Friedrich Bürklein erbaute Haus für die Regierung ist mit seinen neogotischen Kathedralfenstern und Spitzbogen-Arkaden typisch für den historisierenden Baustil Maximilians II. In der Architektur der **Maximilianstraße** wurden Elemente verschiedener Stilepochen wie Neogotik und Renaissance vereint, was bei den Münchner Bürgern damals auf viel Kritik und Spott stieß. In dem architektonischen Pendant gegenüber der Regierung ist das **Staatliche Museum für Völkerkunde** ❼ untergebracht. Mächtige Atlanten rahmen das Eingangs-

Max II-Denkmal

portal. Die Sammlungen zur Kunst und Kultur aus Ostasien, Ozeanien und Südamerika gehören zu den wichtigsten Europas. Einige Exponate gehen auf die Forschungsreisen der Wittelsbacher Prinzessin Therese von Bayern zurück (Di–So 9.30–17.30 Uhr).

Kurz vor der Isarbrücke erinnert das **»Max Zwo«-Denkmal** an König Maximilian II., der seine Prachtavenue um die Mitte des 19. Jahrhunderts in Auftrag gegeben hatte. Mit dieser wittelsbachischen Straßenschöpfung erhielt München erstmals eine städtebauliche Öffnung nach Osten, über die Isar hinaus. Am Denkmal vorbei geht es in die **Thierschstraße** mit ihren prächtigen Gründerzeitfassaden. Nicht verwunderlich, dass die großzügigen, mit hohen Stuck-Decken ausgestatteten Altbauwohnungen auf dem Immobilienmarkt Spitzenpreise erzielen. Wer sich in punkto Inneneinrichtung noch stilsichere Anregungen holen oder sich individuell beraten lassen möchte, steuert – vorbei an der **Lukaskirche ❽**, die mit ihrer mächtigen Neorenaissance-Kuppel wie eine Theaterkulisse wirkt – den schönen, schlichten, loftartigen Laden **Thiersch 15** von Architektin Bettina Schreyer an (www.thiersch15.de). In der Boutique **Lilian** findet man feminine Mode, z. B. aus Dänemark, und Kinderkleidung (Liebherrstr. 10, s. Shopping S. 140). Wo die Thierschstraße die Zweibrückenstraße kreuzt, geht es zur Ⓢ Isartor.

Lukaskirche

Tour im Anschluss: Tour 7 (ab Isartor)

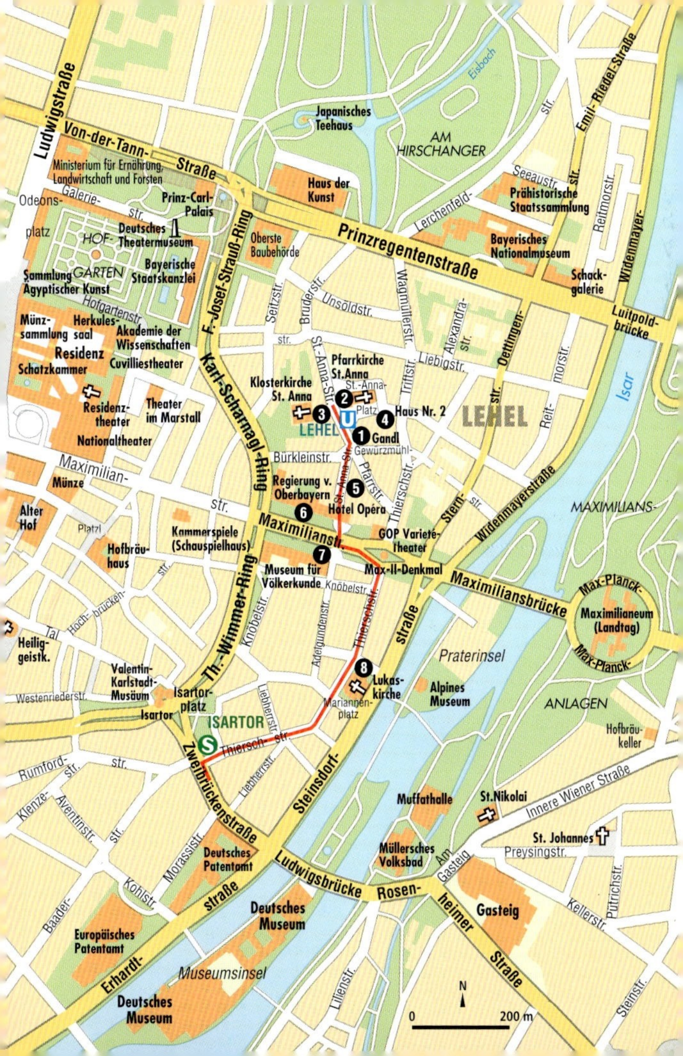
Ludwigstraße
Von-der-Tann-Straße
Ministerium für Ernährung, Landwirtschaft und Forsten
Japanisches Teehaus
AM HIRSCHANGER
Eisbach
Haus der Kunst
Prinz-Carl-Palais
Odeonsplatz
Galeriestr.
HOFGARTEN
Deutsches Theatermuseum
Bayerische Staatskanzlei
Sammlung Ägyptischer Kunst
Hofgartenstr.
Münzsammlung
Herkulessaal
Akademie der Wissenschaften
Residenz
Schatzkammer
Cuvilliestheater
Residenztheater
Theater im Marstall
Nationaltheater
Maximilianstr.
Münze
Alter Hof
Platzl
Hofbräuhaus
Kammerspiele (Schauspielhaus)
F.-Josef-Strauß-Ring
Karl-Scharnagl-Ring
Th.-Wimmer-Ring
Oberste Baubehörde
Prinzregentenstraße
Seitzstr.
Bruderstr.
Unsöldstr.
Wagmüllerstr.
Alexandrastr.
Lerchenfeldstr.
Seeaustr.
Prähistorische Staatssammlung
Bayerisches Nationalmuseum
Schackgalerie
Reitmorstr.
Emil-Riedel-Straße
Widenmayerstraße
Luitpoldbrücke
Oettingenstr.
Liebigstr.
Triftstr.
Pfarrkirche St. Anna
St.-Anna-Platz
St.-Anna-Str.
Klosterkirche St. Anna
LEHEL
Haus Nr. 2
Gandl
Gewürzmühlstr.
Bürkleinstr.
Pfarrstr.
Thierschstr.
Regierung v. Oberbayern
Hotel Opéra
GOP Varieté-Theater
Sternstr.
Isar
MAXIMILIANSANLAGEN
Museum für Völkerkunde
Knöbelstr.
Max-II-Denkmal
Maximiliansbrücke
Max-Planck-Str.
Maximilianeum (Landtag)
Praterinsel
Alpines Museum
Hofbräukeller
Tal
Hochbrückenstr.
Heiliggeistk.
Valentin-Karlstadt-Musäum
Westenriederstr.
Isartor
Isartorplatz
ISARTOR
Adelgundenstr.
Liebherrstr.
Lukaskirche
Mariannenplatz
Steinsdorfstraße
Thierschstr.
Rumfordstr.
Zweibrückenstraße
Klenzestr.
Aventinstr.
Morassistr.
Deutsches Patentamt
Muffathalle
St. Nikolai
Innere Wiener Straße
St. Johannes
Preysingstr.
Müllersches Volksbad
Am Gasteig
Ludwigsbrücke
Rosenheimer Straße
Gasteig
Kellerstr.
Pütrichstr.
Kohlstr.
Baaderstr.
Erhardtstraße
Deutsches Museum
Europäisches Patentamt
Museumsinsel
Lilienstr.
Steinstr.
N
0
200 m

mittel

Prachtstraße und Museumsmeile

Prinzregentenstraße → Haus der Kunst → Friedensengel → *Villa Stuck → Prinzregentenplatz

Der Spaziergang folgt der Straßenachse, die Prinzregent Luitpold zum Isarhochufer anlegen ließ. Die letzte wittelsbachische Straßenschöpfung ist eine wahre Museumsmeile, bietet aber auch ganz andere Perspektiven.

Start: Tram Haus der Kunst (Linie 17)
Ziel: Ⓤ Prinzregentenplatz (U4, U5)
Wann: Wochenende, werktags herrscht zu viel Verkehr; Montags hat nur das Haus der Kunst geöffnet

Nach Überqueren der Prinzregentenstraße steuert man linker Hand das **Haus der Kunst ❶** am Südrand des Englischen Gartens an. Der neoklassizistische Kunsttempel, von Paul Ludwig Troost als erster Repräsentationsbau der Nationalsozialisten in München gebaut (s. Tour 8, S. 38), zeigt v. a. zeitgenössische Kunst in seinen Wechselausstellungen (www.hausderkunst.de).

Bayer. Nationalmuseum

Von der Brücke neben dem Haus der Kunst bewundern Zuschauer die Eisbach-Surfer, die sich bei fast jedem Wetter in die eisigen Fluten stürzen. Nächste Station auf der Prinzregentenstraße stadtauswärts ist das ***Bayerische Nationalmuseum ❷**, eines der großen europäischen Museen mit umfassenden Sammlungen zur Kunst- und Kulturgeschichte. Eine besondere Attraktion ist die weltweit einzigartige Krippensammlung (Di–So 10–17, Do bis 20 Uhr). Lohnend ist ebenfalls der Besuch des Museumscafés **Camatti-Bar** mit feinen italienischen Speisen und hausgemachten Kuchen im herrschaftlichen Ambiente von Stuck und Marmor. Ein paar Häuser weiter residiert in dem ehemaligen Palais der Preußischen Gesandtschaft die **Schack-Galerie ❸**, benannt nach dem Grafen, dessen bedeutende Privatsammlung deutscher Kunst des 19. Jhs. Werke u. a. von Böcklin, Feuerbach, Spitzweg und Lenbach umfasst (Mi–So 10 bis 17 Uhr). Gegenüber, in **Hausnummer 50,** lebte Frank Wedekind, Mitbegründer der Satire-Zeitschrift »Simplicissimus«, mit seiner Familie. Wegen Majestätsbeleidung im »Simplicissimus« wanderte er 1899 für sechs Monate in Festungshaft.

Friedensengel

Herrschaftlich ist der Brückenschlag über die Isar zur Parkanlage hinauf gestaltet: mit Brückenfiguren, die die Stämme Bayerns personifizieren, Terrassen, Springbrunnen, Freitreppen und dem von weithin golden leuchtenden **Friedensengel ❹** als Fluchtpunkt der Prinzregentenstraße. Ein Ort, der zum Feiern wie geschaffen scheint: an Silvester ein beliebter Treffpunkt zum Schauen, und im Juli lädt das Friedensengelfest mit einem kleinen Biergarten rund um die Fontäne zum Tanzen ein. Sieg und Frieden? Ausgerechnet die Siegesgöttin Nike war das Vorbild für dieses herausragende Friedensdenkmal, das 25 Jahre nach dem deutsch-

Villa Stuck

französischen Krieg von 1870/71 errichtet wurde. Nur wenige hundert Meter sind es von hier zum ***Museum Villa Stuck ❺**, das in der Villa des Malerfürsten Franz von Stuck eingerichtet ist. Von den Wandbildern bis zu den Möbeln trägt das Künstlerhaus seine persönliche Handschrift und ist als Gesamtkunstwerk ein bedeutendes Zeitdokument eines erfolgreichen Künstlerlebens im Fin-de-Siècle. Das Museum zeigt wechselnde Ausstellungen zum Jugendstil sowie zur modernen und zeitgenössischen Kunst (Di–So 11–18 Uhr, aktuelle Ausstellungen unter www.villa stuck.de).

Prinzregentenbad

Hat man die Ismaninger Straße überquert, kann man zur Linken die noble Fassade von **Feinkost Käfer ❻** nicht übersehen. Zum Stammhaus gehört das Restaurant **Käfer-Schenke** (Prinzregentenstr. 73, So Ruhetag). Rechter Hand liegt das **Prinzregentenstadion ❼**, das »Prinze«, wie es von den Münchnern liebevoll genannt wird. Im Winter wird es zum Eislaufen (hoher Anbandel-Faktor bei den Teenagern), im Sommer als familiäres Freibad genutzt.

In unmittelbarer Nachbarschaft fällt am Prinzregentenplatz der repräsentative Jugendstilbau des **Prinzregententheaters ❽** auf. Als Festspielhaus für Wagner-Opern 1901 eröffnet, ist das Haus heute Sitz der von August Everding gegründeten Bayerischen Theaterakademie und wird von den staatlichen Bühnen Münchens wechselnd bespielt. Die Theatergaststätte **Prinzipal** führt niemand anderes als Alfons Schuhbeck (s. Nightlife S. 146).

Prinzregententheater

N
0 200 m
BOGEN-HAUSEN
LEHEL
Isar
Eisbach
Von-der-Tann-Str.
Kaulbachstr.
Japanisches Teehaus
Sportanlage
Luitpold-Gymnasium
Am Hirschanger
Paradies-str.
Emil-Riedel-Str.
Haus der Kunst
Prinz-Carl-Palais
Theater-museum
Staats-kanzlei
Franz-Josef-Strauß-Ring
Seeaustr.
Lerchenfeldstr.
Bayer. Nationalmuseum
tingenstr.
Schack-galerie
Widenmayerstr.
Prinzregentenstr.
Seitzstr.
Bruderstr.
Wagmüllerstr.
Oet-
Friedens-engel
Luitpold-brücke
Monacensiasammlung
Wilhelm-Hausenstein-Weg
Maria-Theresia-
Möhlstr.
Ismaninger Str.
Holbein-
Cuvilliesstr.
Sternwartstr.
Galilei-pl.
Röntgen-
Ebersberger
Scheiner-
Donau-
Hlg. Blut
Klinik
Lusenstr.
Beetzstr.
Schumannstr.
Trogerstr.
Feinkost Käfer
PRINZREGENTEN-PLATZ
Zaubzer-str.
Europa-pl.
Villa Stuck
Liebigstr.
St.-Anna-Str.
Triftstr.
Theater i. Marstall
Karl-Scharnagl-Ring
Kloster
LEHEL
Gewürz-mühlstr.
Sternstr.
Troger-
Neherstr.
Prinzregenten-stadion
Prinzregenten-theater
Prinzregenten-straße
Kammer-spiele
MAXIMILIANS-ANLAGEN
Maria-Theresia-Str.
Werkraum-theater
Maximilianstr.
Max-II-Denkmal
Maximilians-brücke
M.-Planck-
Maximilianeum (Landtag)
Völkerkunde-museum
Thomas-Wimmer-Ring
Alpines Museum
MAX-WEBER-PLATZ
W.-Heerde-Weg
Grillparzerstr.
Valentin-Karlstadt-Musäum
Isartor
Isartor-pl.
ISARTOR
Steinsdorfstr.
Str.
Max-Weber-Pl.
Einstein-straße

Tour 21

mittel

Vom Pfarrdorf zum Nobelort: Bogenhausen

Maximilianeum → Maria-Theresia-Straße → Möhlstraße → *St. Georg → Thomas-Mann-Allee

Mit prominenten Namen wie Thomas Mann, Rainer Werner Fassbinder, Wilhelm Conrad Roentgen oder Liesl Karlstadt lockt dieser Spaziergang. Er führt durch die Buchenhaine der Maximiliansanlagen vorbei an prächtigen Villen zu der alten Pfarrkirche von Bogenhausen mit ihrem idyllischen Friedhof.

Start: Tram Maximilianeum (Linie 19) oder Ⓤ Max-Weber-Platz (U4, U5)
Ziel: Tram Mauerkircherstraße (Linie 17)
Wann: auch am Wochenende zu jeder Jahreszeit

Maximilianeum

Im Rückgebäude des **Maximilianeums ❶** hat die von König Max II. gegründete Studienstiftung für Hochbegabte ihren Sitz; ursprünglich nur jungen Männern des Landes vorbehalten, erkannte das Haus Wittelsbach erst 1980, dass sich die Zeiten geändert hatten, und ließ auch Frauen zu. Auch die Wohnungen der Stipendiatinnen und Stipendiaten befinden sich dort. Rechts von der Parkanlage beginnt die **Maria-Theresia-Straße,** eine alte Bogenhausener Villenstraße. Das einst verträumte Pfarrdorf über den Isarauen wurde in der Spätgründerzeit zu einem repräsentativen Villenviertel ausgebaut. Gleich zu Anfang fällt die »Zuckerbäcker«-Architektur des kleinen, feinen

Hotels und Restaurants **Ritzi ❷** im schönsten Art-déco-Stil ins Auge (Maria-Theresia-Str. 2a, s. Hotels S. 131). Auf der gegenüberliegenden Straßenseite geht es unter alten Bäumen in den Park der **Maximiliansanlagen,** die sich entlang der Isar und ihres Hochufers erstrecken. Auf dem Spaziergang trifft man unweigerlich auf das bronzene **Denkmal König Ludwigs II. ❸**. Einer Vision des Märchenkönigs folgend, sollte an dieser Stelle ein Festspielhaus für Richard Wagner entstehen, verbunden durch eine Prachtstraße mit der Residenz und der Wohnung des Komponisten in der Brienner Straße. Der Rest ist Geschichte, und das Festspielhaus endete in Bayreuth.

Wer den Weg von hier aus durch die **Maria-Theresia-Straße** fortsetzt, kommt noch an einigen alten Villen vorbei, wie zum Beispiel dem **Haus Nr. 4** mit prächtig stuckierter Fassade oder dem einstigen Domizil von Wilhelm Conrad Roentgen, **Haus Nr. 11.** Nach Überquerung des Europaplatzes ist die nächste Station das von Gabriel von Seidl entworfene **Hildebrandhaus ❹**, ein Künstlerwohnsitz vom Ende der 1890er-Jahre (Haus Nr. 23). Der Bildhauer Adolf von Hildebrand schuf in München zahlreiche Brunnen und Denkmäler; auch die Skulpturen im Garten und Haus stammen von seiner Hand. Seit ihrer Renovierung ist die schöne Villa Sitz der **Monacensia,** des Literaturarchivs der Stadt München und der Bibliothek zum Thema München (Mo–Mi 9–17, Do 10 bis 19, Fr 9–15 Uhr; auch Aussstellungen). Gegenüber taucht man wieder in den Park ein und folgt dem **Wilhelm-Hausenstein-**

Maria-Theresia-Str. 4

Monacensia

St. Georg, Pfarrei Heilig Blut

Weg entlang der Hangkante zu der alten Pfarrkirche ***St. Georg** ❺ im ehemaligen Ortskern von Bogenhausen. Der Blick über den Wiesengrund, die Zwiebelkuppel des Kirchtums, die zierlichen schmiedeeisernen Grabkreuze, zwischen denen im Sommer Rosen ranken, vermitteln den Eindruck einer ländlichen Idylle. Viel Prominenz hat auf dem **Friedhof** ihre letzte Ruhestätte gefunden: u. a. der Dirigent Hans Knappertsbusch, die Schriftsteller Erich Kästner, Oskar Maria Graf und Annette Kolb, die Schauspielerin Elisabeth Wellano alias Liesl Karlstadt, der Filmemacher Rainer Werner Fassbinder. Die Rokoko-Kirche ist im Inneren mit Werken von Ignaz Günther und Johann Baptist Straub ausgestattet; über dem Altar bäumt sich ein stolzes weißes Ross und zeigt den hl. Georg im Kampf mit dem Drachen. Wenn man aus dem Friedhof heraustritt, führt der Weg rechts den Hang hinunter über den Bach durch die **Montgelasstraße** zur Trambahnhaltestelle. Wer noch Kondition hat, kann einen Abstecher in die **Thomas-Mann-Allee** machen, die kurz vor der Isarbrücke nach rechts abzweigt. An der Ecke zur Poschinger Straße lässt sich die rekonstruierte **Thomas-Mann-Villa** ❻ von außen besichtigen (Thomas-Mann-Allee 10). Dort lebte der Autor mit seiner Familie von 1914 bis zu seiner Emigration im Jahre 1933. In seiner Novelle »Herr und Hund« schildert Thomas Mann das Haus und die Spaziergänge mit seinem Hund an der Isar und im angrenzenden Herzogpark. Herzog Max in Bayern war hier im 19. Jh. Grundbesitzer.

Thomas-Mann-Villa

ENGLISCHER GARTEN
Eisbach
Isar
Ifflandstr.
N
0
200 m
HERZOG-ALBRECHT-ANLAGE
6 Thomas-Mann-Villa
Poschinger-str.
Thomas-Mann-Allee
Pienzenauer-str.
Mauerkircherstr.
Oberföhringer Str.
Bülowstr.
Kolberger-str.
Herkomer-pl.
Denninger str.
Chinesischer Turm
Hirschauer Str.
TIVOLI
Monopteros
Oettingen-str.
Tivolistr.
Max-Josef-Br. (Tivolibrücke)
Mauerk. str.
Kufst.
Montgelas-
Bogenhausener Kirchpl.
St. Georg
5
Wehrle-
Newtonstr.
Hlg. Blut
Dianastr.
Emil-Riedel-Str.
Bad Brunnthal
Neuberghauser Str.
Ismaninger Str.
Donau-
BOGENHAUSEN
Laplacestr.
Scheiner-
Wilhelm-Hausenstein-Weg
Monacensia-sammlung
4
Hildebrand-haus
Lamontstr.
Galilei-pl.
Röntgen-str.
Ebersberger
Oettingenstr.
Widenmayerstr.
Holbein-
Geibel-
Lusenstr.
Friedens-engel
Maria-Theresia-
Prinzregen-tenstr.
Luitpold-brücke
Europa-pl.
Schumannstr.
Troger-str.
Lamont-str.
Kepler-str.
Beetz-str.
Liebigstr.
Villa Stuck
Prinzregentenstr.
PRINZREGENTEN-PLATZ
Mühlbaur-
LEHEL
Denkmal König Ludwig II.
3
Maria-Theresia-Str.
Prinzregenten-theater
Prinzregenten-straße
MAXIMILIANS-ANLAGEN
St. Gabriel
Langerstr.
Schnecken-burgerstr.
Schneckenburgerstr.
M.-Planck-
Untere Feldstr.
MAX-WEBER-PLATZ
Maximilianeum (Landtag)
1
2 Ritzi
Str.
Max-Weber-Pl.
Einstein-straße
Skellstr.
Kulturzentrum Einstein

Tour 22

mittel

Lebe lieber ungewöhnlich – Gärtnerplatzviertel

Reichenbachstraße → Gärtnerplatz → Klenzestraße → *Hans-Sachs-Straße

Das Glockenbachquartier rund um den Gärtnerplatz ist Münchens angesagtes Kreativviertel, Designer, Künstler und alternative Läden haben sich hier ebenso angesiedelt wie jede Menge Kneipen von gay bis hetero. Jenseits der Frauenhoferstraße kann man gründerzeitliche Prachtfassaden neben Werkzeugfabriken und idyllischen Hinterhöfen entdecken. Um die Müllerstraße herum hat die Münchner Schwulen- und Lesbenszene ihr vibrierendes Zentrum.

Start: Ⓤ Fraunhoferstraße (U1, U2)
Ziel: Ⓤ Fraunhoferstraße (U1, U2)
Wann: zu Geschäftszeiten oder abends; besonders stimmungsvoll am Gärtnerplatz zum Sundowner

Am Gärtnerplatz

Wie die Strahlen eines Sterns zweigen alle Straßen vom Gärtnerplatz in das Viertel ab. In der **Reichenbachstraße,** die auf den Platz mündet, kann man eine der aktuellen Ausstellungen zur internationalen Gegenwartskunst in der **Galerie Karl Pfefferle** ❶ besuchen (Reichenbachstr. 47–49, Rgb., www.galeriekarlpfefferle.de). Der **Trachtenvogl** im Vorderhaus gehört zu den angesagten Bars und Kneipen im Viertel. Um die Ecke betreibt die Jazzsängerin **Tricia Leonard** ihren kleinen Laden für Vintagemode und -accessoires in der Baaderstraße (Nr. 53). Nebenan verkauft **glore fashion + baby** sozial- und umweltverträgliche Mode von Designerhand. Das Herz des Viertels bildet der **Gärtnerplatz ❷**. Mit seinem Blumenrondell und dem Brunnen in der Mitte ist er ein wahres Schmuckstück. Cafés und Restaurants säumen mit ihren Sonnenterrassen rundherum den Platz. Extravagante und teure Schuh- und Modeläden, wie zum Beispiel **Slips** (Am Gärtnerplatz 2, s. Shopping S. 142), laden zum Shoppingbummel ein.

Prächtigstes Haus am Platz ist das 1865 erbaute **Gärtnerplatztheater ❸**, in dem Opern-, Musical- und Ballettaufführungen stattfinden. Besonderes Engagement zeigt das Haus mit der Realisation künstlerischer Projekte gemeinsam mit Münchner Schülern (www.staatstheater-am-gaertnerplatz.de).

Gärtnerplatztheater

Im Umkreis von Klenze-, Cornelius-, Baader- und Reichenbachstraße machen zahlreiche Bars und Kneipen, darunter das **Morizz** und **Holy Home**, jede Nacht zum Tag. Ob Highheels oder Abendrobe – auf der Suche nach Designeranfertigung wird man in der **Klenzestraße** fündig: vor lila und nachtblauer Kulisse in dem Luxustempel von **Talbot Runhof** (Nr. 41) oder im charmanten Hinterhof- und Werkstatthallen-Ambiente von **Heels Angels** (Nr. 45; www.heels-angels.de).

Wie ein – bayerisches – Fossil nimmt sich der **Fraunhofer ❹** aus, an dem sowohl das hippe Szenetreiben als auch der Lärm des vorbeitosenden Verkehrs abzuprallen scheinen. Bodenständige Küche zu moderaten Preisen gibt es vorne in der Wirtschaft; und hinten im Hof bietet die Bühne, auf der schon Jörg Hube oder Sigi Zimmerschied auftraten, Musik und Kabarett (Fraunhoferstr. 9, www.fraunhofertheater.de).

Hans-Sachs-Straße

Gegenüber geht es in die Jahnstraße, der man rechts in die Ickstatt- und in die Hans-Sachs-Straße ins **Glockenbachviertel** folgt. Ehemals ein einfaches Bürgerviertel, das im Zweiten Weltkrieg große Schäden erlitt, verwandelte sich das Glockenbachviertel in den 1990er-Jahren in eines der angesagtesten Viertel Münchens – mit entsprechend sprunghaft gestiegenen Mietpreisen. Der Glockenbach, für die Namensgebung verantwortlich, wurde wie viele andere Stadtbäche gänzlich in den Untergrund verbannt.

Der unter Denkmalschutz stehende Straßenzug der ***Hans-Sachs-Straße** ❺ fällt mit seinen prächtigen Gründerzeitfassaden auf und verlockt mit Geschäften, Cafés, Restaurants und einem Kino zum Schauen, Shopping und Genießen. Das entspannte und nachbarschaftliche Flair dieses Quartiers kann man an einem lauen Sommerabend erleben: kaum eine Hausecke (z. B. Westermühl-/Jahnstraße), an der nicht Tische und Stühle im Freien zum Essen und Feiern aufgestellt werden. Für welches Lokal man sich dabei auch entscheiden mag, so richtig auf die Nase fallen kann man hier nicht. Zum Abschluss sei hier trotzdem noch auf zwei Adressen hingewiesen: **Cooperativa** ❻, Bar und Restaurant mit rustikalem Fabrik-Flair (Jahnstr. 35, s. Restaurants S. 134) und das kleine originelle **Maria** ❼ an der Ecke Baum- und Klenzestraße (s. Restaurants S. 134). Durch die Palm- und Auenstraße, vorbei an der neoromanischen Pfarrkirche St. Maximilian, und die Baaderstraße geht es zurück zur Ⓤ.

Frauenstraße
Zweibrückenstraße
ISARTOR
Isartor-platz
Isartor
Valentin-Karlstadt-Musäum
Viktualien-markt
Schrannen-halle
Stadt-museum
Jüd. Gemeinde-zentrum
St.-Jakobs-Pl.
Anger-kloster
Asam-kirche
Sendlinger Tor
Sendlinger-Tor-Platz
SENDLINGER TOR
Sonnenstraße
St. Matthäus
Blumenstr.
Team-Theater
Feuerwehr-museum
St. Wilibrord
Marionetten-theater
Gärtnerplatz
Gärtnerplatz-theater
Fraunhofer
Galerie Karl Pfefferle
FRAUNHOFER-STRASSE
Fraunhoferstraße
Cooperativa
Maria
St. Maximilian
Erhardtstraße
Deutsches Patentamt
Europäisches Patentamt
Museumsinsel
Deutsches Museum
Corneliusbrücke
Reichenbachbrücke
Isar
FRÜHLINGS-ANLAGEN
Wittelsbacherstraße
Auenstraße
AU
Mariahilf-kirche
Falkenstraße
Ohlmüllerstraße
Schweigerstaße
Eduard-Schmid-Str.
Asamstr.
Lindwurmstraße
GOETHE-PLATZ
Goethe-platz
ISAR-VORSTADT
ALTER SÜDLICHER FRIEDHOF
Kapuzinerstraße
Kapuziner-kloster
Agentur für Arbeit
Schlachthof
Thalkirchner Str.
Pestalozzistr.
Müllerstr.
Klenzestr.
Reichenbachstr.
Corneliusstr.
Baaderstr.
Rumfordstr.
Morassistr.
Hans-Sachs-Str.
Jahnstr.
Holzstr.
Westermühlstr.
Ickstattstr.
Baumstr.
Glockenbach
Am
Arndtstr.
Oberanger
Unterer Anger
Nußbaumstr.
Pettenkoferstr.
Schillerstr.
Mathildenstr.
Goethestr.
Häberlstr.
Reisingerstr.
Ringseisstr.
Maistr.
Frauenlobstr.
Walther-str.
Tumblingerstr.
N
0
200 m
1
2
3
4
5
6
7

kurz

Die Au und ihr Stadtbach

Mariahilfplatz → Zeppelinstraße → Franz-Prüller-Straße → Auer Mühlbach → Nockherberg

Unter schattigen Kastanienbäumen im Biergarten sitzen oder über die Auer Dult bummeln – das verbindet man heute gerne mit dem an der Isar gelegenen Stadtteil Au. Durchzogen wird er vom Auer Mühlbach, dem einstigen Lebensnerv der früheren Ansiedlung von Handwerkern und Tagelöhnern.

Start: **Bushaltestelle Schweigerstraße (Linie 42 vom Marienplatz aus)**
Ziel: **Tram Ostfriedhof (Linie 27 und 25)**
Wann: **am besten während der Auer Dult, die dreimal im Jahr stattfindet (s. Events S. 148 f.)**

Auer Dult

Der Duft von gebrannten Mandeln liegt am **Mariahilfplatz** ❶ in der Luft, und der Wind trägt manchmal den süßen Malzgeruch der nahen Brauerei heran. Um die neogotische **Mariahilfkirche** herum findet drei Mal im Jahr die traditionsreiche **Auer Dult** statt, ein Markt mit Volksfestcharakter im Herzen der Au. Bei den Tandlern und Antiquaren lässt es sich nach Herzenslust stöbern, unter all dem Trödel kann man so manche Schätze und Kuriositäten an Land ziehen. Riesig ist die Auswahl auf dem Geschirr- und Töpfermarkt. Fahrgeschäfte wie das kleine Riesenrad, Schiffschaukel, Wurfbuden und der Kasperl von der Au mit seinem Theater laden die Kinder zu ihrem Spaß ein. Unter schattigen Kastanienbäumen gibt es typische Volksfest-Schmankerln. Zweimal in der Woche herrscht Markttreiben auf dem Mariahilfplatz – mittwochvormittags wird Bauernmarkt und samstagvormittags Wochenmarkt abgehalten.

Einem prominenten einstigen Bewohner der Au ist man auf der Spur, wenn man der **Zeppelinstraße** folgt, die rechts von der Schweigerstraße abzweigt. Das **Geburtshaus Karl Valentins ❷** aus dem Jahr 1851 ist von außen zu besichtigen (Zeppelinstr. 41). Hier betrieben die Eltern eine Speditionsfirma, die Valentin Ludwig Fey alias Karl Valentin nach dem Tod des Vaters zunächst übernahm, bevor er seinen Beruf an den Nagel hängte und die Bühnenlaufbahn einschlug. Seine Fotosammlung mit Altmünchner Stadtansichten (im Valentin-Karlstadt-Musäum im Isartor, s. Tour 4, S. 22) vermittelt eine Vorstellung vom Leben in der Au, die hauptsächlich von Arbeitern und Handwerkern bewohnt war. Letzte bauliche Zeugnisse dieser vorstädtischen Umgebung finden sich auch, wenn man rechts durch die kleine Straße Kreuzplätzchen geht, die Lilienstraße überquert und Am Wageck in die **Franz-Prüller-Straße** mit ihren Kleinhäusern biegt.

Auer Mühlbach

Am ehemaligen Kloster Neudeck (heute das Landratsamt) biegt man links ab und läuft auf den **Auer Mühlbach ❸** zu. Einst gab es im Stadtgebiet zahlreiche natürliche Bäche mit einer Gesamtlänge von 17 Kilometern, die von der Isar abzweigten. Sie bewegten Mühlräder und dienten als Fließendwasser für Färbereien, Gerbereien, Haus und Hof. Die meisten dieser einstigen Lebens- und Verkehrsadern wurden jedoch zubetoniert, überwölbt oder mit Kies aufgeschüttet. Erst in jüngerer Zeit hat die Stadt begonnen, einige der Wasserwege teilweise wieder freizulegen. Entlang des Auer Mühlbachs, der bis heute drei Wasserkraftwerke zur Energiegewinnung antreibt, lässt sich ein kurzes, hübsches Wegstück genießen. Ein Spaziergang entlang dem Wasser ist auch an heißen Sommertagen angenehm kühl und von stetem Wasserrauschen begleitet.

Biergarten am Nockherberg

Die Hektik der Großstadt empfängt Fußgänger schon wieder an der viel befahrenen Ohlmüllerstraße, aber nur für wenige Meter, denn linker Hand führt eine steile Treppe hinauf zum Biergarten und zur Gaststätte der **Paulanerbrauerei am Nockherberg ❹** (tgl. 10–1 Uhr) an einer Hangkante des Isarhochufers. Ihre Anfänge kann die Brauerei bis ins 17. Jh. zurückverfolgen, als die Paulanermönche im nahen Kloster Neudeck ihr Bier als flüssiges Nahrungsmittel brauten, um über die Fastenzeit hinwegzukommen. Das Kloster gibt es heute nicht mehr, geblieben ist der Braubetrieb und das Salvator-Starkbier mit einem Alkoholgehalt von 7,5 %, das im März 17 Tage lang auf dem Nockherberg ausgeschenkt wird. Bei der bekannten Show zum alljährlichen Starkbieranstich macht sich »Bruder Barnabas« über die anwesende Polit-Prominenz lustig und verschont sie nicht mit seinem bissigen Hohn und Spott. Zur Trambahnhaltestelle »Ostfriedhof« folgt man der Ruhe- und Hiendlmayrstraße, die in die Tegernseer Landstraße mündet.

Isartor
Valentin-Karlstadt-Musäum
Isartor-pl.
ISARTOR
Frauenstr.
Rumfordstr.
Thierschstr.
Zweibrückenstr.
Steinsdorfstr.
Alpines Museum
0
200 m
Hofbräukeller
Innere Wiener Str.
Aventin-str.
Baader-str.
Buttermelcherstr.
Morassistr.
Kohlstr.
Deutsches Patentamt
Müllersches Volksbad
Muffathalle
Am Gasteig
St. Nikolai
Steinstr.
Ludwigsbrücke
Rosenheimer Str.
Philharmonie Gasteig
Kellerstr.
Milchstr.
ISAR-VORSTADT
Deutsches Museum
Corneliusstr.
Europäisches Patentamt
Isar
Zeppelinstr.
Mühlbach
HAIDHAUSEN
ROSENHEIMER PLATZ
Rosenhm. Platz
Weißenb. Pl.
Baaderstr.
Erhardtstr.
Museumsinsel
Kleine Isar
Geburtshaus Karl Valentin
Zeppelinstr.
Kreuz-pl.
Rablstr.
Reichenbach-brücke
E.-Schmid-Str.
Mariahilfstr.
Lilienstr.
Sammtstr.
Hochstr.
Balanstr.
Schweigerstr.
Mariahilf-pl.
Mariahilfkirche
Gebsattelstr.
Franziskaner-str.
AU
Ohlmüllerstr.
Falkenstr.
Ackerstr.
St. Wolfgang
Asamstr.
Am Neudeck
Sieboldstr.
Albanistr.
Landratsamt
J.-Holzer-Weg
Drächslstr.
Auerfeldstr.
Regerstr.
Hochstr.
Tassiloplatz
Entenbach-str.
Auer Mühlbach
Welfenstr.
Falkenstr.
Am Nockherberg
Hochstr.
Paulanerbrauerei am Nockherberg
KOLUMBUSPL.
Nockherstr.
Hiendlmayr-str.
Landstr.
Ostfriedhof
Kolumbus-pl.
Am Bergsteig
St.-Bonifatius-Str.
ST.-MARTIN-STRASSE
St.-Martin-Str.
Hohenwaldeck-str.
Giesinger Berg
Untere Grasstr.
Tegernseer
St.-Martins-Pl.
St.-Martin-Str.
St. Martin
Eintrachtstr.
Ichostr.
Tegernseer Pl.
Silberhornstr.
Werinherstr.
SILBERHORNSTR.

kurz

Grüne Stadtoasen im Süden

Sendlinger Tor → Alter Südfriedhof → Baldeplatz → Rosengarten

Lust auf Grün? Von der Gartenidylle des Kulturdenkmals Alter Südlicher Friedhof gelangt man auf diesem Spaziergang über die Isar zu dem an den Flussauen gelegenen Rosengarten der Stadtgärtnerei. Auf halbem Weg verleitet das Zoozie'z zur Einkehr.

Start: **Ⓤ Sendlinger Tor (U1, U2, U3, U6)**
Ziel: **Bushaltestelle Baldeplatz, bzw. Claude-Lorrain-Straße (Linie 58)**
Wann: **bei gutem Wetter; bis auf den Rosengarten zu jeder Jahreszeit**

Die hohen Backsteinmauern dämpfen den Verkehrslärm und lassen die Hektik außen vor, sobald man durch das Portal rechts der **Friedhofskapelle St. Stephan ❶** geschlüpft ist. Als ob das kurze Wegstück vom Sendlinger Tor durch die Thalkirchner Straße längst einer anderen Zeit angehörte, verlangsamt sich der Schritt unwillkürlich, und man taucht in die erholsame Stille ein, die von diesem Ort ausgeht. Ursprünglich Begräbnisstätte für Arme und Pesttote, wurde der ***Alte Südfriedhof** zu Beginn des 19. Jahrhunderts von Gustav Vorherr als Zentralfriedhof für die Toten aus dem gesamten Stadtgebiet angelegt. 1845 kam eine quadratische Erweiterung hinzu. Architekt Friedrich von Gärtner schuf die Vorhalle, die beide Areale verbindet. Seit 1944 wird hier nicht mehr bestattet. Als architektonisches und gartenbauliches Gesamtkunstwerk mit Grabdenkmälern, die aus der Zeit des Klassizismus bis zum Jugendstil stammen, steht Münchens ältester Friedhof heute unter Denkmalschutz und ist ein Parkidyll für Spaziergänger. Welche Lebensgeschichten verbergen sich wohl hinter den Inschriften, mag man sich beim Flanieren zwischen den **Gräbern** fragen. Viele berühmte Persönlichkeiten aus dem städtischen Leben haben hier ihre letzte Ruhestätte gefunden, u. a. der Maler und Apotheker **Carl Spitzweg** (Grab 5–17–10), der Erfinder und Konstrukteur Josef von Fraunhofer (Alte Arkaden 12), die Hofschauspielerin Klara Ziegler (Neue Arkaden 121), der Brauer Joseph Pschorr (Grab 9–1–19), die Architekten Friedrich von Gärtner (Neue Arkaden 175) und Leo von Klenze (Neue Arkaden 171), der Physiker Georg Simon Ohm (Grab 15–1–41), um nur einige zu nennen (s. auch www.muenchen.de oder Denkmalsauskünfte unter Tel. 23 199 282). Kostenlose Führungen bieten die Städtische Friedhofverwaltung und der Münchener Begräbnisverein an.

Grab von Carl Spitzweg

Im Norden (Grab 6–16–24/27) erinnert ein **Denkmal ❷** an die Sendlinger Mordweihnacht während des Spanischen Erbfolgekriegs. 500 Opfer der Bauernschlacht sollen hier in einem Massengrab beerdigt liegen. Unter der Losung »Lieber bairisch sterben als kaiserlich verderben« hatten Bauern und Handwerker im Jahre 1705 zur Befreiung Münchens von den Habsburger Truppen geblasen. Über 10 000 Aufständische wurden von den Truppen ermordet.

Mordweihnachts-Denkmal (1831)

Zwischen schlichten Steinblöcken und kunstvoll geschmiedeten Kreuzen rankt Efeu; auf den Wiesenstücken zwischen den Gräbern blühen Wildblumen; melancholisch dreinblickende Engelsstatuen lugen zwischen Sträuchern und Bäumen hervor. Denkmalpfleger sehen die wuchernde Natur bisweilen mit anderen Augen als Naturschützer; und so bleibt denn auch abzuwarten, ob der in jüngerer Zeit sanierte Friedhof seltenen Tieren und Pflanzen noch genügend Rückzugsnischen bieten kann (Info über Führungen unter www.lbv-muenchen.de).

Wer Lust auf einen Ortswechsel verspürt, nimmt einen der Seitenausgänge zur Pestalozzistraße und überquert auf einer der Fußgängerbrücken den Stadtbach, um der Holz- und Baldestraße bis zum **Zoozie'z ❸** zu folgen. Das Café und Restaurant in einem prächtigen Gründerzeithaus ist eine Institution im Glockenbachviertel und beliebter Treffpunkt für Isarspaziergänger und sonntägliche Brunch-Fans. Es liegt an einer verkehrsreichen Straße, hat aber eine große Sonnenterrasse zum ruhigeren Baldeplatz hin (www.zooziez.de).

Je nach Jahreszeit und Witterung bietet sich noch ein Abstecher über die Isar an: Nach Überquerung der **Wittelsbacherbrücke** folgt man rechts dem Fußgängerweg entlang den Isarauen. Kurz vor der Braunauer Eisenbahnbrücke geht es links in den duftenden **Rosengarten ❹** der Stadtgärtnerei mit idyllischen Sitzgelegenheiten auf Blumeninseln und unter Lauben (April bis Okt.; Eintritt frei). Zurück am Ausgangspunkt Wittelsbacherbrücke gelangt man zur nächsten Bushaltestelle rechts in der Humboldtstraße auf Höhe der Claude-Lorrain-Straße.

Rosengarten

Sonnen-str.
Stadtmuseum
Rosental
Schrannenhalle
Asamkirche
St.-Jakobs-Pl.
Jüd. Gemeinde-zentrum
Pettenkofer-Str.
Mathildenstr.
SENDLINGER TOR
Sendlinger Tor
Sendlinger-Tor-Pl.
anger
Ober-anger
Cornelius-
Angerkloster
Blumenstr.
Reichenb.-platz
Nußbaum-str.
Lindwurmstr.
Blumenstr.
Feuerwehr-museum
Unterer Anger
Müllerstr.
str.
Marionetten-theater
Papa-Schmid-Str.
Stephans-pl.
Pestalozzi-str.
Müllerstr.
St. Stephan
Holzstr.
Fraun-hoferstr.
Staatstheater am Gärtnerplatz
FRAUNHOFER-STR.
Goethestr.
GOETHE-PLATZ
Frauenlobstr.
Jahnstr.
Maistr.
Denkmal
Waltherstr.
Westermühl-str.
Klenzestr.
Ickstattstr.
Häberlstr.
Alter Südfriedhof
Holzstr.
Pestalozzistr.
Jahnstr.
Klenzestr.
St. Maximilian
Reichenb.-brücke
Thalkirchner Str.
Am Glocken-bach
Baumstr.
Auen-str.
Wittels-bacherstr.
Kapuziner-platz
Arndtstr.
Palmstr.
Klenzestr.
Kapuzinerstr.
Westermühlbach
Baldestr.
St. Martin
FRÜHLINGS-ANLAGEN
AU
Kapuziner-kloster
Zoozie'z
Balde-pl.
Wittels-bacher-brücke
Thalkirchner Str.
Auenstr.
Wittelsbacher-str.
Sommerstr.
Dreimühlenstr.
Roeckl-platz
Schyren-pl.
Claude-Lorrain-Str.
Isar
Humboldtstr.
KOLUMBUSPL.
Isartalstr.
Rosengarten
Schyrenbad
Sommer-str.
Birkenau
heimer Str.
Kolumbus-pl.
Freizeitbad-bächl
Sachsenstr.
Schäftlarn-str.
Hans-Mielich-Pl.
Teutoburger Str.
Cannabichstr.
Pilgers-
Str. Giesinger Berg
N
0
200 m
Enten-weiher
Lutherkirche
1
2
3
4

mittel

Keine Spur von blutiger Schweineschulter

Schmellerstraße → Zenettistraße → Adlzreiterstraße → Roecklplatz → Großmarkt → Gotzinger Platz

Zu den jungen Kreativen des Viertels führt der Spaziergang rund um den Münchner Schlachthof: zu Läden, Lokalen und Ateliergemeinschaften in Hinterhöfen zwischen Kfz-Werkstätten, griechischen Tavernen und Getränkemärkten.

Start: **Ⓤ Poccistraße (U3, U6)**
Ziel: **Ⓤ Implerstraße (U3, U6)**
Wann: **während der Ladenöffnungszeiten**

Viertel-Flair schnuppern – das beginnt in der **Schmellerstraße** mit dem griechischen Restaurant **Egnatia ❶** (Schmellerstr. 17), das mit seiner mediterranen Küche stellvertretend für die vielen griechischen Tavernen und italienischen Osterias im Schlachthofquartier steht. Mit guter saisonaler Küche und schnörkellosem Wirtshausflair überzeugt das Restaurant **Goldmarie** (nur abends, So geschl.)

Tragbar

In den benachbarten Straßen Zenetti- und Adlzreiterstraße lassen sich hinter renovierten Altbaufassaden originelle Geschäftsideen, Ateliergemeinschaften in Hinterhöfen (z. B. Zenettistr. 27) und witzige kleine Modeläden entdecken. So führt der erste Abstecher links durch die Fleischer- und wieder links in die **Zenettistraße.** In dem nostalgisch eingerichteten Ladencafé und der Werkstatt **Tragbar ❷** gibt es zum Schmuck von jungen Designerinnen und Kunstakademieabsolventinnen Kaffee und kleine Verköstigungen (Zenettistr. 33, s. Shopping S. 143). Ein Gefühl wie in »Little Italy« überkommt einen wenige Häuser weiter im **Friulana** mit traditionell italienischer Küche (Zenettistr. 43, So geschl., www.friulana.de).

Auf Höhe der Andreaskirche führt eine Passage hinüber in die **Adlzreiterstraße.** Eine prominente Adresse verbirgt sich hinter **Hausnummer 10 ❸**: Albert Einstein verbrachte in diesem Haus seine Kindheit und frühe Jugend. Seit einer lobenden Restaurantkritik haben es Stammgäste schwer, in den bodenständigen **Ennstaler Stuben** (Nr. 21) noch einen freien Platz zu finden. Auf der gegenüberliegenden Seite mündet kurz vor dem Ende der Straße ein Hinterhof in eine duftende Wellness-Oase: **Auszeit ❹** bietet nicht nur müden Füßen die ersehnte Entspannungspause (Nr. 3, www.auszeit-muenchen.de).

Durch die Adlzreiterstraße geht es in umgekehrter Richtung bis zum Zenettiplatz, wo man am Viehhof als nächste Station das **Wirtshaus im Schlachthof ❺** erreicht, bekannt aus Ottfried Fischers Kabarettsendung im Regionalfernsehen. Im »Schlachthof« finden hochkarätiges Kabarett, Konzerte und Improvisationstheater statt (Zenettistr. 9, s.Nightlife S. 147).

Eisdiele am Roecklplatz

Biegt man rechts in die Thalkirchner und die nächste links in die Ehrengutstraße, erreicht man den schönen **Roecklplatz ❻**, ein Ort, an dem sich sich die Ruhe unter alten Bäumen genießen lässt. Die Idylle verführt dazu, sich einen Eiskaffee zu gönnen, sich auf der Terrasse die Sonne ins Gesicht scheinen zu lassen und währenddessen die Kinder (falls vorhanden) nebenan auf dem Spielplatz toben zu lassen. Ein kurzes Stück die Isartalstraße hinunter erreicht man ein Becken des Isarkanals, dessen Wasserstand erstaunlich hoch reicht. Fast immer warten hier Möwen, Enten und Schwäne auf Futter.

Hat man sich am Roecklplatz gestärkt, kann man sich durch die **Ehrengut-** und **Dreimühlenstraße** noch einmal zu einer kurzen Entdeckungstour aufmachen. Die Belohnung ist vielleicht ein flippiges Accessoire aus einem der Schmuck- und Designläden (z. B. Ehrengutstr. 8 und 7).

Kontorhaus

Man verlässt das Viertel und betritt den Stadtteil Sendling, wenn man die Gleise durch die Brückenpassage in der Dreimühlenstraße unterquert und rechts in die **Lagerhausstraße** biegt. Linker Hand erstreckt sich das Gelände des **Großmarkts ❼**, der über Wiederverkäufer die Münchner mit Lebensmitteln und Blumen versorgt. Nach einer halben Umrundung – den besten Blick auf das historische Bau-Ensemble von Halle I, Gaststätte und Kontorhäuser hat man vom Eingang in der Thalkirchner Straße 81 – erreicht man links die Kochelseestraße, die zur **Großmarkt Gaststätte** (Kochelseestr. 13, Mo–Fr bis 17, Sa bis 13 Uhr, So geschl.) mit den angeblich besten Weißwürsten der Stadt führt. Über den benachbarten **Gotzinger Platz** mit der katholischen Pfarrkirche St. Korbinian, geht es in die Valleystraße und rechts in die Implerstraße zur Ⓤ.

St. Korbinian am Gotzinger Platz

N
0
200 m
Theresien-
wiese
Kais.-
Ludwig-
Pl.
Esperanto-
platz
Kobellstr.
Herzog-
Goethestr.
GOETHEPLATZ
Lindwurmstr.
Stephans-
pl.
Frauenlobstr.
Str.
Waltherstr.
Häberlstr.
H.-Schmid-
Str.
Bavariaring
Güllstr.
Auszeit
Kapuziner-
str.
Alter
Südfriedhof
St. Andreas
Emil-Muhler-
Torw.
Zenettistr.
Poccistr.
POCCISTR.
Tragbar
Adlzreiter-
str.
Kapuziner-
platz
Maistr.
Thalkirchner
Pestalozzistr.
Schmeller-
Egnatia
Fleischerstr.
Ruppertstr.
Schlachthof
Kapuziner-
kloster
Kapuzinerstr.
Westermühlbach
Lindwurmstr.
Implerstr.
Tumblinger-
str.
Zenetti-
str.
Wirtshaus im
Schlachthof
Thalkirchner Str.
Balde-
pl.
Auenstr.
Wittelsbacher-
str.
Viehhof
Isartal-
Dreimühlenstr.
Ehren-
gutstr.
Roeckl-
platz
Reifenstuel-
str.
Isartalstr.
Isar
Thalkirchner
Str.
Thalkirchner Str.
IMPLERSTR.
Großmarkthalle
Lagerhaus-
str.
Gotzinger
Pl.
Kochelsee-
str.
Großmarktgelände
Valleystr.
Thalkirchner
Str.
Schäftlarnstr.
Isartalstr.
Freizeitbad
bächl
Agilolfinger-
str.
Enten-
weiher
Thalkirchner
Str.
Str.
Implerstr.
Isartalstr.
BRUDERMÜHLSTR.
Brudermühlstr.
Brudermühltunnel
Brudermühl-
brücke
2R
Candidstr.
1
2
3
4
5
6
7

Tour 26

lang

Isarflimmern: von der Floßlände zum Flaucher

Floßlände → Asam-Schlössl → Thalkirchen → Flaucher

Gegensätzlicher könnte die Isar innerhalb der Stadtgrenzen nicht sein: ein träges Gewässer an der Floßlände, ein – fast – wilder Fluss, der sich sein Kiesbett selbst gestaltet, am Flaucher. Dazwischen liegen Biergärten, ein ehemaliges Künstler-Schlösschen und das idyllische Naturbad Maria Einsiedel.

Start: Ⓤ Thalkirchen (U3)
Ziel: Ⓤ Thalkirchen (U3)
Wann: am Wochenende

Folgte man der hölzernen Thalkirchner Brücke über die Isar, käme man geradewegs zum Haupteingang des **Tierparks Hellabrunn.** Die großen Gehege bieten den Tieren relativ natürliche Lebensbedingungen und den Besuchern häufig freie Sicht – ohne störende Gitterstäbe. Diese Wanderung führt jedoch noch vor der Brücke rechts in die Zentralländstraße, vorbei am **Bootshaus,** der Vereinsgaststätte der Naturfreunde mit einem öffentlichen Biergarten zum **Freibad Maria Einsiedel ❶**, das sich mit seiner weitläufigen Parklandschaft rechts erstreckt. Mit dem Handtuch im Rucksack kommt einem eine erfrischende Abkühlung vielleicht gerade recht, denn das Besondere an dem 1899 eröffneten, ruhigen Naturbad ist der Isarkanal, der auf fast 400 Metern Länge durch das

Freibad Maria Einsiedel

Bad fließt. Es gibt einen abgetrennten FKK-Bereich für Frauen und genügend Liegefläche unter alten Bäumen (Mitte Mai bis Mitte September, www.swm.de). Ein Stück weiter öffnet sich der Blick nach vorne auf das weite Areal der **Floßlände** ❷ von Thalkirchen. Eine Gaudi kommt auf, wenn am späten Nachmittag die zünftigen Floßfahrten von Wolfratshausen aus hier enden. Sobald alle vom Floß gegangen sind, werden die Flöße noch an Ort und Stelle für den Rücktransport zerlegt (Mai bis September, meist an den Wochenenden). Auch für Camper, Kanuten, Kajakfahrer und Riversurfer ist die Floßlände von Thalkirchen eine stadtbekannte Adresse.

Floßländekanal

Wer es weniger rustikal und sportlich mag, spaziert durch die Benediktbeuerer Straße zum **Asam-Schlössl** ❸, das durch seine Fassadenbemalung auffällt. Einst gehörte das Anwesen Cosmas Damian Asam, dem berühmten Maler des bayerischen Spätbarock, der es zu seinem Landsitz mit Atelier ausgestaltete. Nach einer wechselvollen Geschichte beherbergt es heute die historische Gastwirtschaft Asam-Schlössl mit einem kleinen Biergarten (Maria-Einsiedel-Str. 45, www.asamschloessl.de).

Mangostin Asia Restaurants (Maria-Einsiedel-Str. 2, www.mangostin.de) lädt im Garten unter Kastanienbäumen zur Einkehr ein. Die Maria-Einsiedel-Straße führt zurück zur Ⓤ Thalkirchen, wo linker Hand auf der kleinen Anhöhe am Isarufer die barockisierte Wallfahrtskirche **St. Maria Thalkirchen** ❹

St. Maria Thalkirchen

thront. Den Hochaltar im Chor schmücken eine meisterhafte spätgotische Madonna mit Kind und ein schwebenden Schrittes heraneilender Rokoko-Engel von Ignaz Günther.

Wer es bodenständiger und naturnaher mag, macht den Abstecher in die Isarauen zu dem schön gelegenen **Flaucher-Biergarten ❺**. Der gesamte Auenbereich auf der Höhe von Thalkirchen heißt bei den Münchnern »Am Flaucher« und ist ein beliebtes Naherholungsgebiet zum Baden, Picknicken und Grillen (an ausgewiesenen Plätzen). Der Weg dorthin führt am Werkkanal entlang. Von der Schinderbrücke geht es halb links in die Grünanlagen zum Biergarten, und weiter geradeaus auf den **Flauchersteg ❻**, auf dessen gesamter Länge man einen schönen ***Blick** auf den naturnahen Flusslauf hat. Man mag bei diesem Anblick eine Vorstellung davon bekommen, wie die Isar vor etwa 150 Jahren aussah, als sie ein wilder reißender voralpiner Fluss mit unzähligen Nebenarmen und weitläufigen Kiesbänken war. Was sich heute den Spaziergängern und Erholung Suchenden so eindrucksvoll als naturnahe Flusslandschaft präsentiert – der Flaucher ist auch Lebensraum für seltene Tier- und Pflanzenarten –, ist das Ergebnis des Projekts »Isar-Renaturierung« des Wasserwirtschaftsamts der Stadt. Seit 1999 wird in fünf Bauabschnitten daran gearbeitet, die Isar auf einer Strecke von acht Kilometern von der südlichen Stadtgrenze bis zur Museumsinsel naturnah umzugestalten und zugleich den Hochwasserschutz zu verbessern. Außerdem wurde in die Verbesserung der Wasserqualität investiert, was zu einem Bad in den erfrischenden Fluten verlockt ...

Am Flaucher

N
0
200 m
Dietramszeller Platz
Thalkirchner Str.
Hans-Preißinger-Str.
Großer Stadtbach
Flaucher
Schinderbrücke
5 Flaucher-Biergarten
Am Isarkanal
Ludwig-Kafft-Str.
Pullacher Platz
Franziska-Reindl-Pl.
Greinerberg
Rognerstr.
Schäftlarnstr.
Zenner-str.
THALKIRCHEN
Werkkanal
Isar
Flauchersteg
6
Aubächl
Plinganserstr.
Schönstr.
Thalkirchner Platz
Thalkirchner Brücke
Tierpark-str.
SIEBENBRUNN
Fraunberg-pl.
Fraunberg-str.
St. Maria Thalkirchen
4
Schmiedberg
Kirchweg
Zentralländstr.
Mühlbach
Schlichtweg
Tierpark
Hellabrunn
Siebenbrunner Str.
Harlachinger Berg
Maria-Einsiedel
Maria-Einsiedel-Bach
1 Bad Maria Einsiedel
Wolfratshauser Str.
3 Asam-Schlössl
Benediktbeuerer Str.
MARIA EINSIEDEL
2
Floßlände
Auer Mühlbach
HARLACHING
leite
str.
Kornblumenweg
Marienklause
Hoch-
Üb. d. Klause
Linden-
Geiselgasteig-
Theodolindenplatz

mittel

Altes und Neues im Westend

Theresienwiese → Theresienhöhe → Bavariapark → Gollierstraße

Auf dem Spaziergang durch das Westend lassen sich Altes und Neues entdecken: die Altbauquartiere mit Kebab-Haus und griechischen Tavernen rund um die Gollierstraße, das Neubauviertel Theresienhöhe mit noblen Büros und Penthousewohnungen auf dem alten Messegelände.

Start: Ⓤ Theresienwiese (U4, U5), Ausgang Theresienwiese
Ziel: Ⓤ Schwanthaler Höhe (U4, U5)
Wann: Am besten zur Wiesn-Zeit oder zum Tollwood Winterfestival (s. Events S. 149)

Gibt es ein Leben nach dem Oktoberfest, mag man sich fragen, angesichts der weiten verwaisten Fläche der **Theresienwiese ❶**. Vielleicht aber hat man den Zeitpunkt genau getroffen und kann Wiesn-Atmosphäre live erleben, zu der die flotten Hits der Blaskapellen in den Bierzelten ebenso gehören wie die rasanten Achterbahnfahrten, die gemütlichen Runden in der historisch-nostalgischen Krinoline oder der Duft von gebrannten Mandeln, Lebkuchenherzen und Steckerlfisch. Schon Wochen vorher, wenn gerademal die Gerippe der großen Zelte stehen, pilgern manche Münchner hierher und

Oktoberfest

verfolgen mit Spannung den weiteren Aufbau des größten Volksfestes der Welt. Neben dem Oktoberfest ist das bunte Tollwood Winterfestival mit seiner stimmungsvoll illuminierten Zeltstadt, das im Dezember stattfindet, der zweite Höhepunkt im Jahr (www.oktoberfest.de, www.tollwood.de).

Oberhalb des Festgeländes erreicht man die Theresienhöhe und das Areal mit den denkmalgeschützten alten Messehallen, in die das **Verkehrszentrum des Deutschen Museums ❷** eingezogen ist. Die Hallen widmen sich mit ihrer Schausammlung von alten und neueren Fahrzeugen unterschiedlichen Aspekten des Reisens und der Technik der Fortbewegung (Do bis 20 Uhr; www.verkehrszentrum.deutsches-museum.de).

Verkehrszentrum

Den schönsten Blick auf die Feste, die unten auf der Theresienwiese stattfinden, hat man vom Kopf der rund 18 Meter hohen **Bavaria ❸**. In das Haupt der ebenso anmutigen wie kämpferischen Riesin im Bärenfell, Verkörperung des Staates Bayern, führen innen zwei Wendeltreppen mit über 100 Stufen (ab Mitte Oktober bis März geschlossen). Lokalpatriotismus verkörpert auch die nach Plänen Leo von Klenzes errichtete klassizistische **Ruhmeshalle,** die Porträtbüsten verdienstvoller bayerischer Persönlichkeiten beherbergt, vom Brauereimagnaten Joseph Pschorr bis zur Schriftstellerin Lena Christ – wobei Frauen zahlenmäßig eindeutig nicht angemessen repräsentiert sind.

Bavaria

Gegenüber, auf der anderen Seite der Straße, erstreckt sich der **Bavariapark ❹**, eine idyllische kleine Grünoase mit Kastanienbäumen und klassizistischen Figuren, im Sommer Treffpunkt der bunten Bevölkerung des Westends. Der Park ist zugleich das Herzstück des Neubauviertels Theresienhöhe. Es umfasst Wohnungen, Geschäfte, Bürogebäude und einen Kindergarten. Ob die Mischung von Wohnen und Arbeiten dem neuen Stadtquartier zur gewünschten Lebendigkeit verhilft, bleibt abzuwarten. Einen fröhlichen Farbakzent setzt Otto Steidles **Wohnturm Park Plaza ❺**, den man über den Hans-Dürrmeier-Weg erreicht. Mit seinen ungefähr 43 Metern hat er dieselbe Höhe wie der historische, in den 1950er-Jahren abgerissene Messeturm; umso tiefer muss man für die Penthousewohnungen in die Tasche greifen.

Wohnturm Park Plaza

Etwas vom Flair des alten Westends mit seiner bunten Vielfalt an italienischen, griechischen und türkischen Lokalen und Läden entdeckt man, wenn man durch die **Kazmair-** oder parallel davon durch die **Gollierstraße** bummelt. Das ehemalige Arbeiterviertel hat mit knapp 40 % den höchsten Ausländeranteil Münchens, entsprechend multikulturell und fröhlich wirkt das Stadtbild: Kleine türkische und arabische Geschäfte haben sich in der Gollierstraße zwischen Ligsalz- und Parkstraße angesiedelt. Stylisch dagegen: **Das neue Kubitscheck** in der Gollierstraße 14 (www.das-neue-kubitscheck.de). Hier gibt es höchst ausgefallene bunte Torten zum Kaffee und kleinere Speisen. **Müller & Söhne ❻** ist ein beliebtes Szenelokal (Kazmairstr. 28, s. Restaurants S. 135).

Landsberger Straße
Hauptbahnhof
DB
Holzkirchener Bahnhof
Bayerstraße
Grasserstr.
Kurt-Haertel-Passage
M.-Greif-Straße
Heyse-
Paul-
Straße
St. Benedikt
Fäustlestr.
Westendstr.
Schwanthaler-
str.
Schwan-
thalerstraße
Schwanthalerstraße
Goethestr.
WESTEND
Ganghoferstr.
Ligsalzstr.
Park-
str.
Schießstättstr.
THERESIEN-HÖHE
St.-Pauls-
Platz
St.-Pauls-Str.
St. Paul
Gollierplatz
Gollierstr.
Geroltstr.
Trappentreustr.
(Trappentreutunnel)
St. Rupert
Auferstehungskirche
Müller & Söhne
6
Kazmairstr.
Bavariaring
THERESIEN-WIESE
Georg-Hirth-Platz
LUDWIGS-VORSTADT
HEIMERAN-PLATZ
SCHWANTHALER HÖHE
Georg-Freundorfer-Platz
Bergmannstr.
Heimeranstr.
Theresienhöhe
1
THERESIEN -
Uhlandstr.
Lessingstr.
Herzog-Heinrich-Str.
Wohnturm Park Plaza
5
Petra-Moll-Weg
Fr.-Bilek-Weg
Deutsches Museum Verkehrszentrum
2
Rückertstraße
Nußbaumstr.
Ridlerstr.
Angler-
str.
Am Bavariapark
ESPLANADE
Hans-Dürrmeier-Weg
BAVARIA-PARK
4
- Oktoberfest -
Kaiser-Ludwig-Platz
Ruhmeshalle
3
Bavaria
Matthias-Pschorr- Str.
Schubertstr.
Haydnstr.
Freie Evang. Kirche
Oda-Schaefer-Weg
WIESE
Kobellstr.
Herzog-Heinrich-Straße
Lindwurmstraße
GOETHE-PLATZ
Hansastraße
Feierwerk
Hansapalast
N
0
200 m

lang

Tour 28

Brückenschlag – Von Neuhausen nach Gern

Volkartstraße → Frundsbergstraße → Bothmerstraße → Herz-Jesu-Kirche → Nymphenburger Schlosskanal → Tizianstraße → Taxisgarten

Das Schloss in Sichtweite, besucht man das idyllische Viertel Gern mit seinen Jugendstilvillen und Wohnhäusern aus der Wende vom 19. zum 20. Jahrhundert. In Neuhausen am Rotkreuzplatz hat sich um die Volkart- und Frundsbergstraße herum eine lebendige Mixtur aus Cafés und Geschäften entwickelt.

Start: Ⓤ Rotkreuzplatz (U1, Ausgang Volkartstraße)
Ziel: Ⓤ Gern (U1)
Wann: während der Ladenöffnungszeiten

In der **Volkartstraße** gibt es viel Schönes und Originelles zu entdecken: den besonderen Modeladen **StoffArt** ❶ (Volkartstr. 17, s. Shopping S. 142) oder **Osa's Alpenraum** ❷ um die Ecke in der Frundsbergstraße: ein Stehcafé mit Alpenpanorama. Tramezzini oder Müsli stillen den Hunger zwischendurch, der Fashion-Raum mit trendiger Sportswear lädt zum Stöbern ein (Sa nachmittags und So geschl.). Durch die Volkartstraße geht es links in die Orffstraße, die mit ihren Altbauwohnungen und winzigen Vorgärtchen typisch für dieses Viertel ist. An der Ecke zur Ruffinistraße fällt die Konditorei mit ihren leckeren Kuchenauslagen auf; sie gehört zum **Café Ruffini** ❸, einer von einem Kollektiv betriebenen Institution im Viertel (Mo geschl.; www.ruffini.de). Besonders charmant ist die kleine Sonnenterrasse auf dem Dach.

In der **Frundsbergstraße** setzt der Spiel- und Spaßladen **BrauseSchwein** ❹ – nicht zu verfehlen durch das rosa Schwein auf dem Dach – in dem hübschen Wohnquartier einen frechbunten Akzent (s. Shopping S. 139).

Bothmerstraße

Der Klassiker für Architektur-Liebhaber ist die ruhige **Bothmerstraße** mit ihren Gründerzeitvillen und den charakteristischen Türmchen, Erkern, Hinterhof- und Vorgärtchen, die zurück auf die Nymphenburger Straße führt.

Kühn mutet die **Herz-Jesu-Kirche** ❺ an, ein faszinierendes Bauwerk moderner Architektur. Zunächst sticht der freistehende Glockenturm ins Auge, die magische Anziehungskraft geht aber von dem unbestimmten Leuchten der riesigen blauen Glaswand des gläsernen Kirchenquaders aus. Im Jahre 2000 geweiht, ersetzt die Herz-Jesu-Kirche, errichtet nach Plänen der Münchner Architekten Allmann, Sattler und Wappner, einen abgebrannten Vorgängerbau. Die blaue Glaswand lässt sich wie ein Tor öffnen, zu sehen So um 19.30 Uhr (außer August und September).

Herz-Jesu-Kirche

Den nahen **Nymphenburger Schlosskanal** überspannt die **Gerner Brücke** an der Auffahrtsallee. Hier mündet rechts auch die Nymphenburger Straße, wo sich nur ein paar Hausnummern weiter das **Acetaia** (s. Restaurants S. 132) befindet. Auf dem Kanal tummeln sich Schwäne und Enten – und im Winter findet hier bis spät in den Abend Eisvergnügen mit Curling, Schlittschuhlaufen und Glühwein statt. Von der Brücke hat man einen schönen Blick gen Westen auf das Nymphenburger Schloss.

Gerner Brücke

Die Gerner Straße führt in das idyllische Villenviertel Gern. Man ist stolz, in Nachbarschaft des Schlosses und seiner Wasserwege zu wohnen: Venezianische Maler und der Nymphenburger Porzellankünstler Bustelli haben bei der Namensgebung einiger Straßen Pate gestanden. Gerns Aufstieg vom Bauerndorf zur Villenvorstadt fand im 19. Jahrhundert statt und kennzeichnet eine allgemeine gesellschaftliche Entwicklung, die mit dem wachsenden Wohlstand im Bürgertum einherging. Die Nachfrage nach repräsentativen Bauten stieg, und Platz dafür fand man am Rand der Großstädte. Charakteristisch für die unter Denkmalschutz stehende Villenkolonie ist die aufgelockerte Bauweise aus Jugendstil-Reihenhäusern, einzeln stehenden Villen, kleinen Gärten und Lindenalleen.

Tizianstraße

Biegt man rechts in die **Tizianstraße,** lassen sich unter den Villen immer wieder Anwesen entdecken, auf die auch Makler ein Auge geworfen haben. Als exemplarisch für eine **Jugendstilvilla ❻** um 1890 sei das Haus Nr. 73 genannt. Links um die Ecke wohnte in der **Wilhelm-Düll-Str. 5** eine Zeit lang die bekannte bayerische Schriftstellerin Lena Christ (ihr Grab liegt im Waldfriedhof). An der Kreuzung zur Waisenhausstraße erreicht man rechts die **Ⓤ Gern,** in der man wie in den aufgeschlagenen Seiten eines Kunstbuchs lesen kann: Aufrisse und Zitate an den Wänden informieren über die Baugeschichte der Villenkolonie Gern. Wem noch nach Einkehr in einem Biergarten zumute ist, der macht den kurzen Abstecher in die Taxisstraße zum **Taxisgarten ❼**.

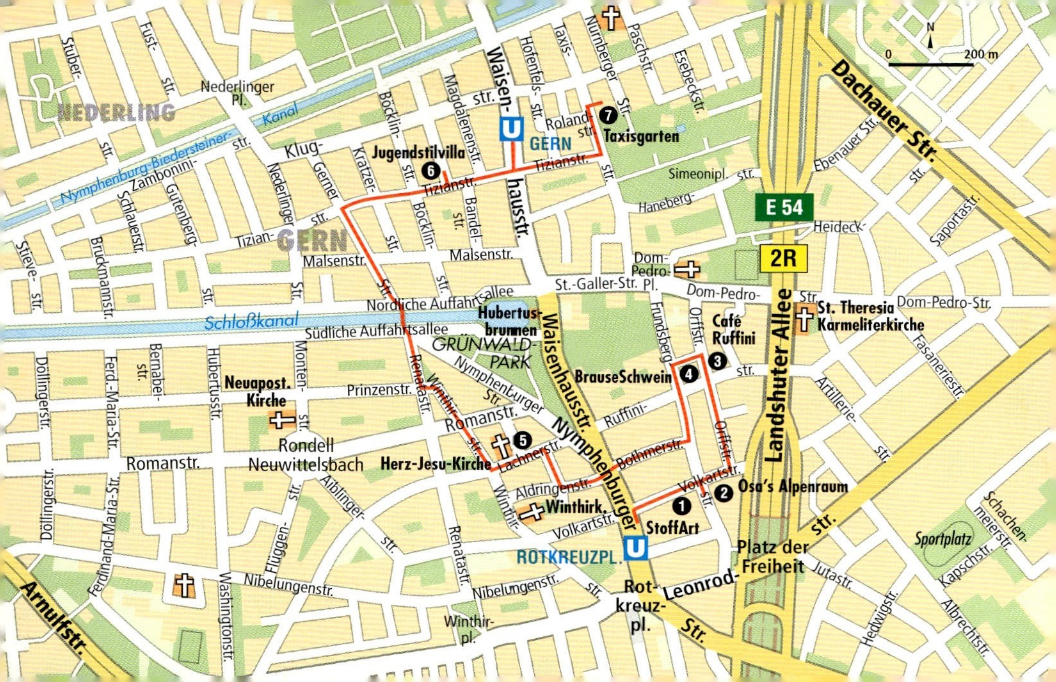
Dachauer Str.
0 200 m
N
E 54
2R
Landshuter Allee
St. Theresia Karmeliterkirche
Café Ruffini
BrauseSchwein
Osa's Alpenraum
StoffArt
Herz-Jesu-Kirche
Winthirk.
Jugendstilvilla
Taxisgarten
Hubertus-brunnen
GRÜNWALD-PARK
Neuapost. Kirche
Rondell Neuwittelsbach
NEDERLING
GERN
ROTKREUZPL.
Platz der Freiheit
Leonrod-Str.
Rotkreuz-pl.
Arnulfstr.
Waisenhausstr.
Nymphenburger Str.
Schloßkanal
Nymphenburg-Biedersteiner-Kanal
Nördliche Auffahrtsallee
Südliche Auffahrtsallee
Sportplatz

Tour 29

mittel

Für kleine Prinzen und Pferdefreundinnen

Schloss Nymphenburg → Park → *Amalienburg → *Marstallmuseum

Eine Tour, die auch Kinderaugen zum Leuchten bringt: mit viel Natur und Begegnungen mit Schwänen, Gänsen und – fast echten – Pferden. Zur barocken Sommerresidenz der Wittelsbacher Familien gehört eine weitläufige, von Wasserwegen durchzogene Parkanlage mit kleinen Lustschlösschen, deren schönstes die Amalienburg ist.

Start: Tram Schloss Nymphenburg (Linie 17)
Ziel: Tram Schloss Nymphenburg (Linie 17)
Wann: zu jeder Jahreszeit bei schönem Wetter

Nymphenburg

Willkommen auf ***Schloss Nymphenburg** ❶ – hätte man statt der Tram wie früher die Pferdekutsche genommen, hätte die Anreise viel länger gedauert! Am Anfang dieser Barockanlage stand die Geburt eines Kindes; denn der bayerische Kurfürst Ferdinand Maria schenkte seiner Frau Henriette Adelaide zum Wiegenfest eine kleine Landvilla mit Grundstück. Für den Ausbau ließ die Kurfürstin Architekten aus Italien kommen. Ab 1715 veranlassten der Erbprinz Max Emanuel und später seine Nachfolger die Vergrößerung der Anlage, bis das Schloss seine heutige Gestalt annahm. Den schönsten Frauen ihrer Zeit begegnet man bei der Besichtigung der barocken und klassizistischen Innenräume in der **Schönheitengalerie,** die König Ludwig I. in Auftrag gegeben hatte. Ob von Adel oder aus bürgerlicher Familie, ob Hofdame oder Landpomeranze, sie alle zogen des Königs bewundernde Blicke auf sich und durften seinem Hofmaler Modell sitzen; unter ihnen auch die Schusterstochter Helene Sedlmayr, die als »Schöne Münchnerin« in ihrem biedermeierlichen Festtagsgewand heute noch auf Pralinenschachteln prangt, oder die Tänzerin Lola Montez, die als femme fatale und Globetrotterin Geschichte und Geschichten machte (www.schloesser.bayern.de).

im Nymphenburger Park

Hinter dem Schloss, auf der Gartenseite, erstreckt sich der von Wasserwegen durchzogene **Park,** mit einem geometrisch angelegten französischen Garten, der in einen naturnahen englischen Landschaftsgarten mit kleinen Seen und Schlösschen übergeht. Im **Geranienhaus ❷** auf der nördlichen Parkseite informiert anschaulich und klar eine Dauerausstellung über den Nymphenburger Schlosspark und seinen Gartenkünstler Friedrich Ludwig von Sckell (Mitte Okt. bis März geschl.). Der Park bot der höfischen Gesellschaft die verschiedensten Vergnügungen, u. a. sich auf venezianischen Gondeln über die Gewässer fahren zu lassen. In dem ehemaligen Orangeriegebäude linker Hand lädt das Schlosscafé im Palmenhaus zu Eis sowie Kaffee und Kuchen ein (www.palmen haus.de).

Wer die versteckten **Parkschlösschen** aufsucht, bekommt nicht nur architektonische Kleinode zu sehen, sondern kann sich auch ein Bild von den Lustbarkeiten machen, die man sich in intimem Rahmen abseits des strengen Zeremoniells bei Hof erlauben konnte, wie die kleine Teerunde im exotischen Interieur der nahen **Pagodenburg ❸**, Plantschfreuden in einem erlauchten

Amalienburg

Kreis von Zuschauern in der **Badenburg ❹** oder Sommerfeste und Rollenspiele in der ***Amalienburg ❺**. Von der Plattform auf dem Dach konnte man Ausschau nach Fasanen halten. Das Jagdschlösschen der Kurfürstin und leidenschaftlichen Jägerin Maria Amalia gehört zu den Glanzstücken des Cuvilliésschen Rokoko. Im Spiegelsaal wurde gefeiert, in der Küche gekocht, und die Kurfürstin liebte es, für ihre Gäste auch mal die Wirtin und Köchin zu spielen. Ach ja, und wo ist das Klo? Der Abtritt versteckt sich, kaschiert als Kommode mit Deckel, gleich links hinter der Tür nach dem ersten Raum mit den Gewehrschränken und Hundeboxen.

Pferdekutschen kommen heute nicht mehr vorbei, aber man kann die höfische Wagenburg mit Prunkkarossen, Kinderschlitten, prächtigen Geschirren und naturgetreu nachgebildeten Pferden im nahen ***Marstallmuseum ❻** im Südflügel des Schlosses bewundern. Den fulminanten Auftakt bilden acht weiße Rösser, die vor den golden glänzenden Krönungswagen gespannt sind, den der bayerische Kurfürst Karl Albrecht zu seiner Kaiserkrönung in Paris in Auftrag gegeben hatte. Wie sich dagegen kleine Prinzen im Schlosspark umherkutschieren ließen, kann man sich an Hand der feinen Gartenkalesche ausmalen, deren Sitz von einem baldachinförmigen Dach überspannt ist. Und wo werden Kinder wohl mit ihrem Zimmerschlitten gespielt haben, dessen Kufen auf Rollen laufen? Schlittengeläut, Prunkgeschirre und zeitgenössische Gemälde, u. a. vom gespenstischen Nachtausflug König Ludwigs II. im verschneiten Ammergebirge, tun ihr Übriges dazu, um die Fantasie der Besucher zu beflügeln und sie an den höfischen Lustfahrten teilhaben zulassen.

Menzinger Str.
Wintrichring
Amalienburgstr.
Donizettiweg
Lustheimstr.
NEULUSTHEIM
Volpinistr.
Mettenstr.
Taschnerstr.
Barelli-
Von-Goebel-Pl.
str.
Menzinger
Sa.
Str.
BOTANISCHER GARTEN
Allerheiligste Dreifaltigkeitskirche
Maria-Ward-
Bäumlstr.
NYMPHENBURG
Zamboninistr.
Nördl. Schloßrondell
Bischoffs-garten
Magdalenen-kapelle
Pagodenburg
3
Kleiner See
Museum für Mensch u. Natur
Geranienhaus
2
Ludw.-Ferd.-Br.
Nördliche Auffahrtsallee
Südliche Auffahrtsallee
Schloss Nymphenburg
1
Fontäne
SCHLOSSPARK
Kaskade
str.
Notburga-str.
Prinzenstr.
Christkönig
Porzellan-sammlung
Südl. Schloßrondell
Amalienburg
5
Marstall-museum
6
Apollotempel
Brunnenhaus
Roman-pl.
Großer See
4
Badenburg
Zuccalistr.
Hirschgartenallee
Gaßnerstr.
Wotanstr.
Arnulfstr.
NYMPHENBURG
Richilden-str.
N
0
200 m

Tour 30

lang

An der Würm entlang zum Schloss Blutenburg

August-Exter-Straße → Peter-Vischer-Straße → Floßmannstraße → Westerholzstraße → Blutenburg

Außer der Isar hat München noch einen anderen Fluss: Am westlichen Stadtrand geht es durch Villenquartiere bis zur Würm und an ihrem Flusslauf entlang zum mittelalterlichen Wasser- und Bücherschloss Blutenburg.

Start: **Ⓢ Pasing**
Ziel: **Bushaltestelle Blutenburg (Linie 160 zum Pasinger Bahnhof)**
Wann: **zu jeder Jahreszeit**

Wo früher Haushaltsmaschinen hergestellt wurden, ist heute direkt hinter dem Pasinger Bahnhof mit der **Pasinger Fabrik ❶** ein lebendiges Kultur- und Bürgerzentrum mit einer Bar, einem Restaurant und Terrassencafé im Hof entstanden (August-Exter-Str. 1, aktuelles Programm unter www.pasinger-fabrik.com). U.a. hat hier das private Theater Viel Lärm um Nichts eine Heimat gefunden. In der »Fabrik« befindet sich auch die Kinder- und Jugendwerkstatt, die sich mit wechselnden Ausstellungen, Projekten, Theater- und Konzertveranstaltungen an das junge und jüngste Publikum wendet. In der Wohnwerkstatt können Kinder und Jugendliche – selbstständig oder unter Anleitung eines Schreiners – Spielsachen und Möbel herstellen oder reparieren. Im Kindercafé treffen sich Kinder zum Spielen, Schmökern und Essen zu taschengeldfreundlichen Preisen.

Nächste Station ist die **Villenkolonie I ❷** in der Peter-Vischer-Straße. Architekt August Exter begann hier in den 1890er-Jahren unter dem Motto »Gesundes Wohnen« seine erste Gartenstadt in Pasing zu bauen. Erker, Lauben, Giebel und Türmchen bilden die architektonische Entsprechung zu der unbeschwerten Gartenidylle. Zurück an der Ecke zur Carossastraße, geht es an weiteren Villen vorbei durch die Floßmannstraße und links in die Orthstraße. Hier fällt auf der linken Seite bald ein Wohnhaus auf (Nr. 4), das sich in dem Villennest wie ein Kuckucksei ausnimmt: Mit seiner modernen klaren Formensprache konterkariert es – frech und witzig – die etwas behäbige Idylle seiner Nachbarschaft.

Villenkolonie I

Fast ländliche Stille umfängt einen, wenn man dem Fußweg am Wasserlauf entlang bis zur Kreuzung Westerholzstraße folgt. Links lädt der Biergarten der Trattoria **Speisemeisterei ❸** zu einer Pause ein. An den Villen und Gärten der Westerholzstraße entlang geht es rechts in den Schirmerweg und durch Obermenzing. Zwischen den Bäumen hindurch sieht man die Würm, die mit ihrem Wasser das Kanalsystem des Nymphenburger Parks und den nahen Schlossteich speist. Die Wiese, die sich jenseits der Hofbauernstraße erstreckt, gibt den Blick frei auf das von einer Mauer und trutzigen Türmen umgebene **Schloss Blutenburg ❹**. Der weitere Weg führt an der Würm entlang, bis er rechts zum Teich abzweigt. Vorbei an der **Schlossschänke,** die ihre Terrasse zum Wasser hinaus hat, gelangt man durch den Torturm im

Schloss Blutenburg

Norden in den lauschigen Schlosshof mit seiner alten Linde. Den Namen »Bücherschloss« verdankt die Blutenburg der **Internationalen Jugendbibliothek ❺**, die ihr riesiges Magazin unter dem nördlichen Schlosshof hat. Über 1000 Verlage weltweit schicken ihre Neuerscheinungen in die Blutenburg, so dass die Bibliothek mit rund einer halben Million Kinder- und Jugendbüchern in über 130 Sprachen führend auf dem Gebiet ist. Vielfältig sind ihre Aktivitäten: von Mal- und Vorlesestunden bis hin zu Ausstellungen und Werkschauen von Illustratoren (www.ijb.de; Mo und vormittags geschl.). Außerdem gibt es ein **Michael-Ende-Museum** (Mi–So 14–17 Uhr). Das **Binette-Schroeder-Kabinett** befasst sich in einer Dauerausstellung mit der bekannten Bilderbuchkünstlerin (Sa und So vormittags geschl.). In den ehemaligen Stallungen mit ihren schönen unverputzten Gewölben ist die **Ausleihbibliothek für Kinder und Jugendliche** mit Büchern in 16 Sprachen untergebracht (Mo–Fr 14–18 Uhr).

Schlosskapelle Blutenburg

Mit ihrer Turmzwiebel ragt die zierliche spätgotische ***Schlosskapelle ❻** aus der Umfriedung heraus. Zusammen mit ihrer qualitätvollen Ausstattung an Glasmalereien, Schnitzfiguren und Altären von Jan Polack aus Krakau bildet sie ein herausragendes, in München einmaliges Gesamtkunstwerk aus dem späten 15. Jh. Es wundert nicht, dass die Blutenburg mit ihrer Kapelle, dem Innenhof und der Schlossschänke ein beliebter und romantischer Ort für Hochzeiten und Märkte ist (www.blutenburg.de). Über die Würm in die Pippinger Straße gelangt man zur nahe gelegenen Bushaltestelle, von wo der Bus zurück nach Pasing fährt.

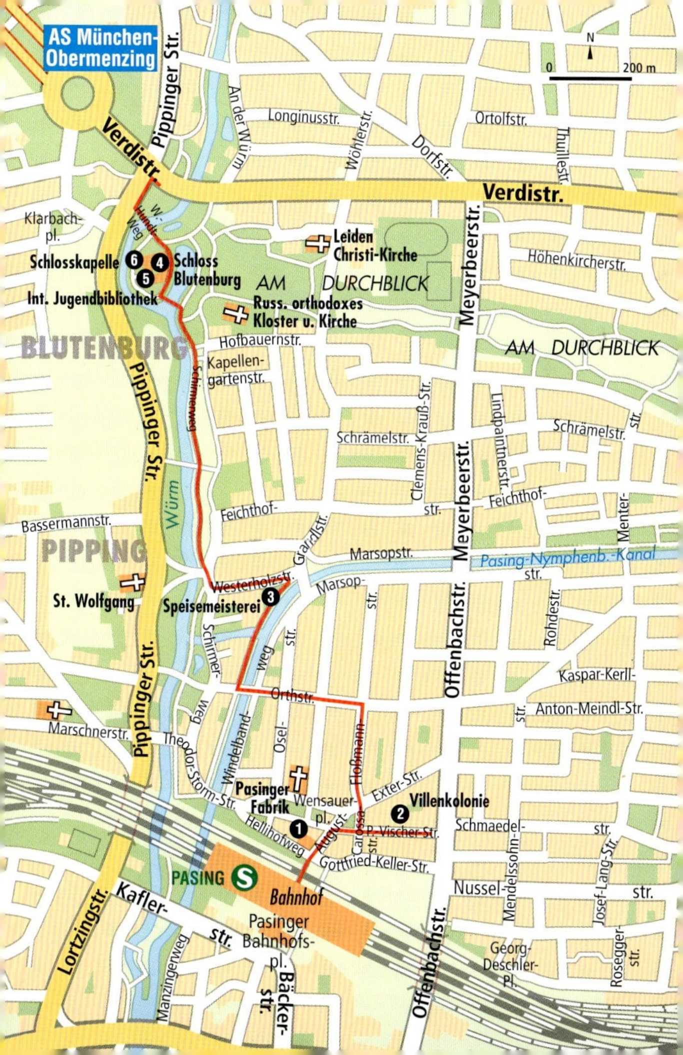
AS München-Obermenzing
N
0
200 m
Pippinger Str.
Verdistr.
An der Würm
Longinusstr.
Wöhlerstr.
Dorfstr.
Ortolfstr.
Thuillestr.
Verdistr.
Klarbach-pl.
W.-Hundt-Weg
Schlosskapelle
Schloss Blutenburg
Int. Jugendbibliothek
Leiden Christi-Kirche
AM DURCHBLICK
Höhenkircherstr.
Meyerbeerstr.
Russ. orthodoxes Kloster u. Kirche
Hofbauernstr.
BLUTENBURG
Kapellen-gartenstr.
Schirmerweg
AM DURCHBLICK
Pippinger Str.
Schrämelstr.
Clemens-Krauß-Str.
Lindpaintnerstr.
Schrämelstr.
Würm
Feichthof-
str.
Feichthof-
Menter-
Bassermannstr.
PIPPING
Grandlstr.
Marsopstr.
Meyerbeerstr.
Pasing-Nymphenb.-Kanal
Westerholzstr.
Marsop-
str.
St. Wolfgang
Speisemeisterei
Offenbachstr.
Rohdestr.
Schirmer-weg
Pippinger Str.
Orthstr.
Kaspar-Kerll-
str.
Anton-Meindl-Str.
Marschnerstr.
Theodor-Storm-Str.
Windelband-
Osel-
Floßmann-
Pasinger Fabrik
Wensauer-pl.
Exter-Str.
Villenkolonie
Hellihofweg
August-
Carossa-str.
P.-Vischer-Str.
Schmaedel-
str.
Gottfried-Keller-Str.
Mendelssohn-
Josef-Lang-Str.
PASING
Bahnhof
Nussel-
str.
Lortzingstr.
Kafler-
str.
Pasinger Bahnhofs-pl.
Offenbachstr.
Georg-Deschler-Pl.
Rosegger-str.
Manzingerweg
Bäcker-str.

Advokat (Gärtnerplatzviertel)

Baaderstraße 1, Tel. 21 63 10, www.hotel-advokat.de, ❍❍

Die eintönige Fassade aus den 1960er-Jahren ist für eine Überraschung gut: Dahinter verbirgt sich ein Hotel, das durch sein unaufdringliches, geradliniges Design besticht. Und so wundert es nicht, dass hier viele Gäste aus den Branchen Mode und Gestaltung kommen, zumal das Haus im angesagten Gärtnerplatzviertel liegt.

Bayerischer Hof (Innenstadt)

Promenadeplatz 2–6, Tel. 212 00, www.bayerischerhof.de, ❍❍❍

Wohnen wie ein Hollywoodstar oder eine Königin – das Luxushotel macht es möglich, denn sie alle logierten schon hier und lieben das Flair. Von morgens bis abends kann man sich verwöhnen lassen, ob mit einem Champagnerfrühstück über den Dächern von München oder in der Entspannungsoase Blue Spa (Abb. oben).

Creatif Hotel Elephant (Am Hauptbahnhof)
Lämmerstraße 6, Tel. 55 57 85, www.creatif-hotel-elephant.com,
❍❍–❍❍❍
Dass man hier Lust auf kräftige Farben hat, lässt sich schon an der roten Fassade erkennen. Die Zimmer haben weiße Wände und sind mit leuchtenden Farbakzenten und hellem Holz modern gestaltet. Toll sind die geölten Eichenböden! Im Detail, zum Beispiel bei den Lampen, ist man leider nicht immer so geschmackssicher. Hinweis: Die Zimmer sind noch nicht alle renoviert und deshalb nicht alle so schön wie beschrieben; deshalb bei der Reservierung nachfragen.

Laimer Hof am Schloss (Nymphenburg)
Laimer Straße 40, Tel. 17 80 38 0, www.laimerhof.de, ❍
Die denkmalgeschützte Hotelvilla mit ihren Türmchen und Erkern im Stil der Neorenaissance liegt am Nymphenburger Schloss, umgeben von anderen Villen. Die Zimmer sind hell und mit schlichten Antiquitäten ausgestattet. Nicht zuletzt schätzen die Gäste die familienfreundliche und herzliche Atmosphäre.

Mariandl (Ludwigsvorstadt)
Goethestraße 51, Tel. 544 40 43 48, www.mariandl.com, ❍
Das liebenswerte Hotel mit dem »ältesten Konzertcafé Münchens« ist vor allem auch bei Musikern und Künstlern beliebt. Die Gäste wissen es zu schätzen, dass es bis 16 Uhr Frühstück und warme Küche bis

Mitternacht gibt. Die Zimmer sind angenehm schlicht, mit schnörkellosen Antiquitäten und Holzböden ausgestattet.

Opéra (Lehel)
St.-Anna-Straße 10, Tel. 21 04 94 77, www.hotel-opera.de, ❍❍❍
Ein elegantes Stadtpalais aus dem Ende des 19. Jahrhunderts. Schon das Entrée mit Rundbögen, Marmorböden, Lüstern und erlesenen Antiquitäten ähnelt dem eines Schlösschens. Der Arkadenhof, unter dem der Eisbach plätschert, hat mit seinen Orangenbäumchen mediterranes Flair und ist der ideale Ort für ein romantisches Abendessen mit Kerzenlicht. Und oben wartet das luxuriöse Bett ...

Pension Gärtnerplatztheater (Gärtnerplatzviertel)
Klenzestraße 45, Tel. 202 51 70,
www.pension-gaertnerplatztheater.de, ❍
Betritt man im Hof den Treppenaufgang zur Pension, heißt ein Putto die Gäste willkommen. Ein bisschen Inszenierung – im gutbürgerlichen Rahmen – muss in Nachbarschaft zum Theater schon sein: das bemalte Himmelbett im Bauernzimmer, die weiße Porzellandogge im Sissi-Zimmer, die Neo-Rokoko-Schnörkel im König-Ludwig-Zimmer, die Kuckucksuhr im Frühstücksraum.

Hotel Gästehaus Englischer Garten (Altschwabing)
Liebergesellstr. 8, Tel. 383 94 10, www.hotelenglischergarten.de,
❍–❍❍
Wo sonst lässt es sich in idyllischerer Umgebung übernachten als hier – direkt am Englischen Garten? Das grün berankte Haus steht unter Denkmalschutz und hat sogar eine eigene Gartenterrasse zum draußen Frühstücken. Von einfach bis anspruchsvoll reicht die Aus-

stattungskategorie der 12 gemütlichen Zimmer. Die familiäre Hotel-Pension ist ein idealer Ausgangspunkt, um das nächtliche Schwabing zu erkunden: Alle Restaurants, Bars und kleinen Theater befinden sich in fußläufiger Entfernung. Frühzeitige Buchung notwendig!

Ritzi (Haidhausen)

Maria-Theresia-Straße 2 a, Tel. 419 50 30, www.hotel-ritzi.de, ❍❍

Ein kleines, feines Lieblingshotel, das augenzwinkernd dazu einlädt, sich weit weg zu träumen: nach »Jenseits von Afrika« zum Beispiel oder in die Hängematte an die Südsee. Jedes der 25 Zimmer ist kunstvoll und individuell gestaltet und in leuchtenden Farben dekoriert.

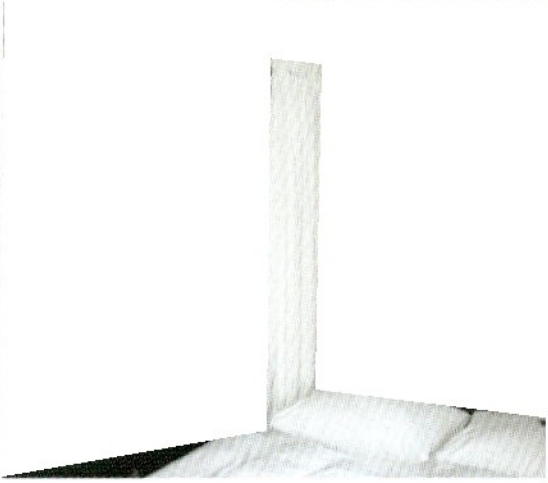

Frühstück gibt es im dazugehörigen Restaurant, und abends erwartet die Gäste eine wunderschöne Bar im Art-déco-Stil.

Torbräu (Innenstadt)

Tal 41, Tel. 24 23 40, www.torbraeu.de, ❍❍❍

Im Hotel Torbräu, dem »ältesten Hotel im Herzen von München«, logiert man gutbürgerlich-bayerisch – nur ein paar Gehminuten vom Marienplatz entfernt. Das Wohlergehen seiner Gäste liegt dem Haus besonders am Herzen, das spürt man an dem zuvorkommenden, freundlichen Service.

Acetaia **(Neuhausen, Tour 28, Seite 117)**
Nymphenburger Str. 215, Tel. 13 92 90 77,
www.restaurant-acetaia.de, Sa mittag geschlossen, ❍❍❍
Ein kleines italienisches Gourmetrestaurant mit Mosaikboden, Jugendstil-Vertäfelung und Kristallleuchtern an der hohen Decke. Der Name des Speiselokals spielt auf den edlen Balsamico-Essig an, der hier fester Bestandteil der Küche ist. Für abends unbedingt vorbestellen, da das Acetaia wegen seiner gemütlichen Atmosphäre und nicht zuletzt wegen seiner erlesenen Weinauswahl sehr beliebt ist.

Bratwurstherzl **(Innenstadt, Tour 4, Seite 22)**
Dreifaltigkeitsplatz 1, Tel. 29 51 13,
www.bratwurstherzl.de, So Ruhetag, ❍
Am Viktualienmarkt gelegen, bietet diese traditionsreiche Gaststätte fränkisch-bayerische Küche. Eine Attraktion ist das über 350-jährige Backsteingewölbe mit dem offenen Buchenholzfeuer, an dem die

Bratwürste gegrillt werden. Serviert wird auf Zinnherzen. Im Sommer kann man draußen auf der Terrasse sitzen.

Cameleon **(Hackenviertel, Tour 5, Seite 26)**
Sebastiansplatz 3, Tel. 26 94 91 20, ❍❍
Ob zum Frühstück unter dem Sonnenschirm, zwischendurch zum günstigen Mittagsimbiss oder abends bei Kerzenlicht in einer der gemütlichen Sitznischen – das kleine moderne Restaurant am ruhigen Sebastiansplatz überzeugt mit seiner leichten französischen Küche und der freundlichen Bedienung.

Conviva im Blauen Haus der Kammerspiele
(Innenstadt, Tour 6, Seite 30)
Hildegardstraße 1, Tel. 233 69 77, www.convivamuenchen.de, So u. Fei erst ab 17 Uhr, in den bayerischen Schulferien geschl., ❍❍

Ein hell ausgeleuchteter hoher Werkraum mit kahlen Wänden und nackten Holztischen – kann da Essen ein Genuss sein? Und ob, die Speisen auf der Mittags- und Abendkarte zeigen Experimentierlust und bieten Gaumenfreuden vom Feinsten. Abends mischen sich unter die Restaurantgäste die Theaterbesucher und Schauspieler, die nebenan ihren – bis kurz vor Vorstellungsende abgetrennten – Kantinenbereich haben. Aber das eigentliche Besondere: Conviva ist ein Beschäftigungsprojekt mit Menschen, die ein geistiges oder psychisches Handicap haben.

Cooperativa (Glockenbachviertel, Tour 22, Seite 94)
Jahnstraße 35, Tel. 20 20 76 20,
www.cooperativa.de, ab 17 Uhr geöffnet, ❍
Ein kleines, angesagtes Lokal im Glockenbachviertel mit Bahnhofswartesaal-Flair. Die Spezialität der Küche sind die »Rusticos«, Gegrilltes mit tollen frischen Gartensalaten und leckeren Dip-Saucen. Leider kann man hier nicht vorbestellen, deshalb kann es sein, dass in den Nischen kein Platz mehr frei ist und man an den langen Tischen wie im Wirtshaus auch schon mal zusammenrücken muss.

Kalypso (Westschwabing, Tour 13, Seite 57)
Agnesstraße 8, Tel. 2 71 09 00, www.kalypso.de, ❍❍

Wer hier in Schwabing wie einst Odysseus an Mittelmeergestaden strandet, kann den Verlockungen einer ausgesuchten Weinkarte und frisch zubereiteter Fischgerichte kaum widerstehen. Man muss ja nicht wie weiland der griechische Held bei der Meerfrau gleich sieben Jahre bleiben. Oder doch? Zu den Stammgästen gehören Künstler, Professoren und andere Kulturschaffende aus dem städtischen Leben.

Maria (Glockenbachviertel, Tour 22, Seite 94)
Klenzestraße 97, Tel. 20 24 57 50, 8–22 Uhr geöffnet, ❍–❍❍
Was macht eigentlich ein Lieblingslokal aus? Ein bisschen fühlt man sich wie zu Hause unter Freunden, ein bisschen wie im Urlaub auf Sardinien oder in der Provence, auch wenn da zwei ausgeblichene

Fotos von Münchens touristischem Marienplatz und einer Stadtautobahn hängen – aber das ist ja vielleicht schon wieder witzig. Feine Speisekarte mit täglich wechselnden Gerichten, schöne Holztische und Stühle ohne Lehne. Für abends unbedingt vorbestellen!

Müller & Söhne (Westend, Tour 27, Seite 114)
Kazmairstraße 28, Tel 45 23 78 67, www.mueller-soehne.de, ❍
Aus dem ehemaligen Konditoreiladen ist ein schickes Speise-Café geworden, das junge Szenegänger anzieht. Gerade zur Mittagszeit ist es mitunter rappelvoll, was an den guten und günstigen Mittagsmenüs (z. B. Pasta und Salate) liegt. Ebenso köstlich sind die Kuchen und Torten.

Nomiya (Haidhausen, Tour 18, Seite 77)
Wörthstraße 7, Tel. 448 40 95,
www.nomiya.de, 18–1 Uhr geöffnet, ❍❍
Die roten Lampions und die grüne Unertl-Weißbier-Markise vor dem Eingang lassen den skurrilen bayerisch-japanischen Stilmix schon erahnen. Die Garderobe legt man auf Hirschgeweihen ab, und an den bayerischen Wirtsstuben-Tischen lässt man sich Sushi und Yakitori – das ist die japanische Variante von gegrillten Spießchen mit Fisch, Fleisch oder Gemüse – schmecken. Das Lokal ist sehr klein und beliebt – unbedingt vorbestellen. Die beiden Klassiker sind das Yakitori-Menü und das Sushi-Rollen-Menü à 17 Euro.

Prinz Myshkin (Hackenviertel, Tour 5, Seite 25)
Hackenstraße 2, Tel. 26 55 96, www.prinzmyshkin.com, ❍❍
Immer noch der edle Klassiker unter Münchens vegetarischen Restaurants. Hier speist man unter hohen lichten Gewölben mit einer

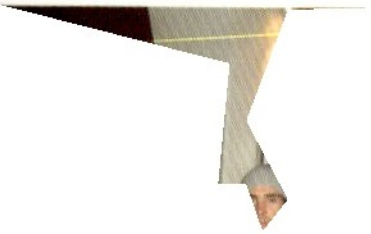

Glasfront zum Gehsteig hin. Toll, dass das Ambiente im schönen Hauptraum sehr großzügig wirkt. Die Tageskarte – manchmal hat man etwas Mühe, die kryptischen Schriftzeichen auf der Tafel zu enträtseln – bietet leckere, raffiniert zubereitete Speisen. Manche mit italienischem Touch, manche sind indisch oder fernöstlich inspiriert. Ob Vorspeisen, Pizzas oder Klassiker – auch Veganer finden etwas auf der Speisekarte.

Sasou (Innenstadt, Tour 1, Seite 10)
Marienplatz 28 (Ecke Rosenstraße), Tel. 26 37 01,
www.sasou.de, So geschl., ❍

Vor den Augen der Gäste zaubern die flinken Köche in der offenen Küche des Sasou leichte asiatische Köstlichkeiten wie Suppen, Salate und Fingerfood. Ein kleines, herrlich unkompliziertes Restaurant mit Selbstbedienung im hektischen Getümmel der Fußgängerzone. Die Atmosphäre ist wohltuend entspannt, was bei einer nach Feng Shui gestalteten Inneneinrichtung nicht weiter verwundert.

Schmock (Westschwabing, Tour 9, Seite 42)
Augustenstraße 52, Tel. 52 35 05 35, www.schmock-muenchen.de, ab 18 Uhr, ❍❍

Im ersten Raum des schönen Altbaus empfängt einen die Bar mit ihrem prächtigen Jugendstilfenster und den stuckierten Wänden. Im

Speiseraum nebenan werden israelisch-orientalische Gourmetspezialitäten serviert. Übrigens, wer Sinn für Humor hat, fragt den Kellner, was das Jiddische »schmock« ins Bayerische übersetzt heißt.

Schuhbeck's Restaurant in den Südtiroler Stuben (Innenstadt, Tour 7, Seite 32)
Platzl 6–8, Tel. 2 16 69 00, www.schuhbeck.de, So Ruhetag, ○○○
Kulinarischer Hochgenuss in gediegenem und luxuriösem Ambiente. Was sympathisch an dem Restaurant der bayerischen Hochküche von Gewürzemagier, Sterne- und Fernsehkoch Alfons Schuhbeck ist: die Atmosphäre wirkt keinesfalls steif, so dass einem etwa der Bissen nicht im Halse stecken bleibt – wäre ja auch schade drum.

Seehaus im Englischen Garten (Schwabing, Tour 11, Seite 48)
Kleinhesselohe 3, Tel. 381 61 30, www.kuffler-gastronomie.de, ○○
Mit Blick auf die Wasserfläche des Kleinhesseloher Sees kann man sich ganz dem Genuss von leckeren Fischgerichten, bayerischen Schmankerln und bodenständiger regionaler Küche hingeben – ob in der lichten Speisehalle mit den lachsroten Säulen, in den Zirbelstuben, auf der Sonnenterrasse oder im Biergarten am Seeufer.

Spatenhaus an der Oper (Innenstadt, Tour 6, Seite 29)
Residenzstraße 12, Tel. 2 90 70 60, www.kuffler-gastronomie.de, ○○–○○○
Gepflegt bayerisch tafeln in Augenhöhe mit Bayerns erstem König – das Restaurant am Max-Joseph-Platz vor der Oper macht es möglich. Die etwas bodenständigere Küche gibt es auf der Terrasse und im Erdgeschoss; die feinere Küche mit Fisch und Gerichten nach alten alpenländischen Rezepten wird im Obergeschoss serviert.

In vielen der unten beschriebenen Geschäfte liegt kostenlos der »DesignGuide« aus, der Lust macht, zu schmökern und weitere Läden für sich selbst zu entdecken. Die Broschüre »Königlich Bayerische Hoflieferanten« ist u. a. in der Stadtinformation erhältlich und im Internet unter www.koeniglich-bayerische-hoflieferanten.de oder unter www.muenchen.de zu finden.

Apartment **(Maxvorstadt, Tour 10, Seite 46)**
Barerstraße 49, Tel. 448 24 40
Von mexikanischen Hausaltären über Plastikkörbe aus Thailand bis hin zu Lampen und Lampions aus Indien lassen sich Ethnokitsch und witzige Wohnaccessoires aus der ganzen Welt in dem winzigen, schrill-bunten Ladenraum entdecken. Hier hat man Zeit, und so kann es schon mal über den Verkaufstresen hinweg zu einem Erfahrungsaustausch unter Globetrottern kommen.

BrauseSchwein **(Neuhausen, Tour 28, Seite 117)**
Frundsbergstraße 52, Tel. 13 95 81 12

Ein bisschen kommt man sich vor wie Harry Potter bei einem seiner Ausflüge in die Winkelgasse oder in den Honigtopf. Ähnlich fantastisch-exotisch ist das Sortiment an Scherz- und Spielzeugartikeln, Süßigkeiten und Zauberzubehör. Was man in die Finger bekommt, quietscht, rasselt, rülpst oder wiehert. Zwischen zitronengelben und schweinchenrosa Wänden kann man stundenlang in den Kuriositäten stöbern.

Dallmayr **(Innenstadt, Tour 2, Seite 14)**
Dienerstraße 14, Tel. 21 35 0, www.dallmayr.de

Münchens ältestes Delikatessenhaus ist ein Dorado für Feinschmecker und Genießer. Aus marmornen Theken werden die erlesenen Köstlichkeiten angeboten, in einem marmornen Brunnenbecken tummeln sich Edelkrebse, und Verkäuferinnen in blauem Kleid und weißer Schürze wiegen die Ware sorgfältig ab. Beim Betreten der Kaffeeabteilung duftet es so verlockend, dass selbst eingefleischte Teetrinker schwach werden könnten (Abb. S. 138).

Isabella Hund **(Innenstadt, Tour 1, Seite 10)**
Frauenplatz 13, Eingang Schäfflerstraße, Tel. 29 16 07 17, www.isabella-hund.de

Der »Passion des Schlichten« hat sich die Schmuckdesignerin und Galeristin Isabella Hund auch bei der Gestaltung ihrer Ladengalerie verschrieben: strenger Purismus von der Theke bis zur Auslage. Ein tresorartiger Raumteiler aus Edelstahl und Ahornholz trennt die Werkstatt vom Verkaufsraum. Präsentiert werden die eigene Kollektion und die Werke zeitgenössischer internationaler Schmuckkünstler.

Lilian (Lehel, Tour 9, Seite 82)
Liebherrstraße 10, Tel. 21 02 17 00, www.lilian-muenchen.de
Verspielt, romantisch und verträumt ist die Kinder- und Damenmode des dänischen Labels Noa Noa, das hier den Hauptanteil des Sortiments ausmacht. Feminines gibt es auch von Labels wie Kookai, Sonia Fortuna, Tandem und Transit. Dazu finden sich jede Menge Kinderbücher, Geschenke und Accessoires.

Ludwig Beck (Innenstadt, Tour 2)
Marienplatz 11, Tel. 23 69 10, www.ludwigbeck.de
Das »Kaufhaus der Sinne« bietet alles, was das Einkaufen zu einem

Schau-, Hör-, Wohlfühl-, Duft- und Geschmackserlebnis machen kann: u. a. Designermode, eine bestsortierte CD-Abteilung für Klassische Musik und Jazz, einen hauseigenen Spa-Bereich, ein Café und eine Chocolaterie.

Manufactum im Alten Hof (Innenstadt, Tour 2, Seite 14)
Dienerstraße 12, Tel. 242 436 69, www.manufactum.de
Wer nicht den Trend, sondern das Beständige sucht, wird in dem Warenhaus von Manufactum fündig: Hier gibt es hochwertige und langlebige schöne Gegenstände des täglichen Gebrauchs – Küchenge-

räte, Wohnaccessoires und funktionsorientierte Möbel, Büroartikel, Textilien, Werk- und Spielzeug. Staunen kann man über Wiederentdeckungen wie den Badezuber vom Böttcher oder unverwüstliche Jacken aus Deutschleder. Genießer werden in der Abteilung Brot und Butter glücklich. Zur Geschäftsphilosophie passt das Ambiente der schnörkellosen Säulenhallen von Münchens alter Kaiserresidenz.

Nicki Marquardt (Schwabing, Tour 10, Seite 46)
Türkenstraße. 78, Tel. 28 80 80 01, www.nickimarquardt.de

Edle Hüte, schlichte Hüte, gestrickte Hüte, federbesetzte Hüte, Strohhüte, weiße Hüte, bunte Hüte – bei der sympathischen Designerin Nicki Marquardt finden Sie alles, was Ihren Kopf kleidet – einige Hüte herrlich extravagant, andere bestens für den Alltag geeignet. Alle Kreationen sind in der Meisterwerkstatt handgefertigte Unikate – und echte Hingucker.

Obacht' (Innenstadt, Tour 7, Seite 32)
Ledererstraße 17, Tel. 18 90 42 61, www.obacht-web.de

Was hier über den Designer-Ladentisch geht, hat Stil und weckt Heimatgefühle – ob Brotzeitbrett mit Brezen- oder Weißwurstmotiv, Flachmann aus Edelstahl mit Hirschgeweih, das Münchner Kindl als Matrjoschka-Puppe oder Handgestricktes fürs Mobiltelefon. Die Andenken und Mitbringsel besitzen allesamt hohe handwerkliche Qualität und werden in der Region hergestellt.

Radspieler (Hackenviertel, Tour 5, Seite 25)
Hackenstraße 4 und 7, Tel. 235 08 90, www.radspieler.de
Seit Generationen ist das Einrichtungsfachgeschäft in München die Adresse für guten Geschmack, Stilsicherheit und »vieles, was Wohnen schöner macht« – Möbel aus eigener Werkstatt, Stoffe, Geschirr, edle Tischwäsche, Küchenaccessoires, aber auch Mode. Schon beim Betreten des hellen, freundlichen Ladenraums am Haupteingang nimmt einen das Flair eines über 150-jährigen Hauses gefangen.

Slips (Gärtnerplatzviertel, Tour 22, Seite 93)
Am Gärtnerplatz 2, Tel. 202 25 00, www.slipsfashion.de
In dem trendigen Fashion-Store am Gärtnerplatz kann man bei cooler House- oder Futurejazz-Musik entspannt die neuesten Designer-Bikinis und -Unterwäsche anprobieren. Auch für oben und unten herum gibt es eine exklusive Auswahl an Schuhen, Accessoires, Kosmetik sowie Mode für Sie und Ihn.

StoffArt (Neuhausen, Tour 28, Seite 116)
Volkartstraße 17, Tel. 168 41 51

Ein stilvoller Laden mit individueller Mode für Sie und Kids. Was man hier anprobiert und kauft, fühlt sich gut an, denn die Sachen sind aus reinen Naturfasern ohne gesundheitsschädliche Chemikalien. An den Kleiderstangen hängt auch die eigene Kollektion, und dazu kommt eine feine Auswahl an Accessoires und Schuhen. In der Kinderabteilung lümmeln sich fröhlich-bunte Stofftiere – natürlich fair hergestellt.

Theresa (Innenstadt, Tour 2, Seite 12)
Maffeistraße 3, Tel. 22 48 45, www.theresa.de
Die bekannte Münchner Designer-Boutique im eleganten Schäffler-block ist ein Muss für alle Modebewussten – Luxusware von Kopf bis Fuß mit einer Riesenauswahl an Kleidern, Accessoires, Modeschmuck, Taschen und Schuhen. Hier gibt es auf 1300 Quadratmetern alles, was auf dem internationalen Laufsteg Rang und Namen hat – von A wie Alessandro Dell'Acqua bis Z wie Zac Posen.

Tragbar (Schlachthofviertel, Tour 25, Seite 104)
Zenettistraße 33, Tel. 76 70 39 74, www.tragbar.info, Mo geschl.
In der nostalgisch und liebevoll eingerichteten Ladenwerkstatt der Goldschmiedinnen Anne Gericke und Sarah Lierl gibt es Schmuck zum Mitnehmen; oder man setzt sich an einen der winzigen Tische und genießt die fast familiäre Atmosphäre bei einer Tasse Kaffee. Individuell und kultig: die Silberketten mit Acrylglasfenster, in denen winzige Figuren agieren.

Venus (Haidhausen, Tour 18, Seite 77)
Wörthstraße 1, Tel. 48 56 87
So viele Bewohnerinnen des Viertels können da nicht irren: Venus ist *der* Modeladen in Haidhausen, in den man sich verlieben kann. Lässig-nachbarschaftlich ist die Atmosphäre, auf den Kleiderstangen hängt Mode von sportlich bis feminin und sexy, und oben an der Eingangstür begrüßt ein frecher Putto die Kundinnen.

Improtheater Isar 148

Wechselnde Veranstaltungsorte, www.isar148.de, office@isar148.de

Aus dem Publikum kommen Stichwörter, werden von den Schauspielern auf der Bühne blitzschnell aufgegriffen und schlagfertig zu urkomischen, wahnwitzigen, bisweilen nachdenklichen Geschichten versponnen. Die Zuschauer johlen, feixen, sind begeistert dabei. So oder ähnlich ist die Stimmung, wenn die Münchner Improvisationstheater-Künstler in Aktion treten.

Jazzclub Unterfahrt im Einstein

(Haidhausen, Tour 7, Seite 34)

Einsteinstraße 42, Tel. 4 48 27 94, www.unterfahrt.de, wochentags bis 1 Uhr, Fr und Sa bis 3 Uhr geöffnet

Durch katakombenartige Gänge in den Gewölben der Brauerei geht es zu dem bekannten Münchner Jazzclub im Untergrund. Auf der Bühne treten internationale Stars ebenso auf wie die junge Avantgarde oder Nachwuchstalente aus München und Umgebung.

Lenbach (Innenstadt)
Ottostraße 6, Tel. 5 49 13 00, www.lenbach.de,
Küche bis 1 Uhr, mittwochs After-Work-Party
Hier schwelgt man in der üppigen Pracht eines gründerzeitlichen Stadtpalais mit Säulen, goldenen Kronleuchtern und einem blau beleuchteten Laufsteg, der in den Restaurantbereich führt. Lockerer ist die Atmosphäre in der Bar gegenüber. Mittwochs verwandelt sich die Bar ab 18.30 Uhr in einen großen After-Work-Partysaal.

Lustspielhaus (Schwabing)
Occamstraße 8, Tel. 34 49 74, www.lustspielhaus.de
Beliebte Schwabinger Bühne für Lesungen, Musik-, Theater- und Kabarettaufführungen. Auf dem Podium treten u. a. Bruno Jonas, Axel Hacke, Willi Astor oder die Spider Murphy Gang auf. Auch der kulinarische Genuss kommt nicht zu kurz, denn man kann die Vorstellung mit Menü buchen: Bis kurz vor Vorstellungsbeginn werden die ersten zwei Gänge serviert, das Dessert kommt in der Pause.

Muffatwerk (Au, Tour 17, Seite 73)
Zellstraße 4, Tel. 45 87 50 10, www.muffatwerk.de und www.ampere-muffatwerk.de, je nach Vorstellung ab 22 Uhr
Das Industriedenkmal Muffatwerk an der Isar gehört mit seinem vielfältigen Veranstaltungsprogramm an Konzerten, Tanz- und Theatervorstellungen, Lesungen und Performances zu den führenden Adressen in Münchens Kulturleben und Nachtszene. Ob Halle, Café,

Biergarten, Terrasse oder der 2005 eröffnete **Club Ampere** direkt unter dem Schornstein – das Muffatwerk steht wie eh und je für Energie.

Nektar (Haidhausen)
Stubenvollstraße 1, Tel. 45 91 13 11, www.nektar.de, bis 2 Uhr, Fr und Sa bis 3 Uhr, Mo auf Anfrage
Ein schickes und durchgestyltes Lokal am Gasteig in Haidhausen, in dem die Schönen der Nacht ihren Auftritt haben. Die wechselnd farblich ausgeleuchteten Lounge- und Barbereiche laden zu später Stunde auch zum Tanzen ein. Der Clou: im Liegen essen und sich dabei von den durch und durch extravaganten Unterhaltungskünstlern verzaubern lassen (nur mit Reservierung, s. auch Abb. S. 144).

Prinzregententheater (Bogenhausen, Tour 20)
Prinzregentenplatz 12, Theaterkasse Tel. 21 85 28 99; Tischreservierung Tel. 410 74 826; www.prinzregententheater.de
Gourmet- und Schauspielkunst in dem prächtigen, im Stilmix von

Neoklassizismus und Jugendstil erbauten Prinzregententheater in Bogenhausen. Theater-, Musical- und Konzertaufführungen gibt es auf der großen Bühne des »Amphitheaters« und auf der Experimentierbühne der Akademie; im **Restaurant Prinzipal** werden Köstlichkeiten der Firma Alfons Schuhbeck serviert.

Schumann's (Innenstadt)
Odeonsplatz 6–7, Tel. 22 90 60,
www.schumanns.de, tgl. bis 3 Uhr geöffnet
Über die legendäre Charles Schumann's Bar, die 22 Jahre in der Maximilianstraße ansässig war, haben bekannte Autoren geschrieben. Heute residiert die Bar in dem klassizistischen Basargebäude am Hofgarten. Auch am neuen Ort stimmt alles: das elegante Interieur, die Drinks und der Publikumsmix aus Geschäftsleuten, Künstlern und anderen Zeitgenossen. Sonntag abends Live-Klaviermusik.

Substanz (Isar-Vorstadt)
Ruppertstraße 28, Tel. 721 27 49, www.substanz-club.de,
So–Do 20–2 Uhr, Fr–Sa 20–3 Uhr
In entspannter, lockerer Atmosphäre kann man im Substanz sein Bier trinken, zur Musik junger und talentierter Münchner Bands tanzen (Live nur bis 22 Uhr wegen der Nachbarn; ansonsten legt jeden Abend ein DJ auf) oder einfach nur kickern (Tischfußball-Turniere!). Außerdem tobt hier jeden 2. Sonntag im Monat der **Poetry Slam,** bei dem sich die Akteure mit ihren Texten hitzige Schlachten um die Gunst des Publikums liefern (www.planetslam.de).

Wirtshaus im Schlachthof (Schlachthofviertel, Tour 25, Seite 105)
Zenettistraße 9, Tel. 72 01 82 64,
www.kultur-im-schlachthof.de, tgl. 8–4 Uhr, So ab 16 Uhr
Auch von außen ein schönes Münchner Wirtshaus aus rotem Backstein mit kleinem Biergarten am Städtischen Viehhof – frischer kann die Weißwurst nicht sein. Auf der Bühne gibt es Kabarett, Improvisationstheater, Rock- und Popkonzerte. Auch der Nebenraum »Zum Ox« wird bespielt. Montags finden im großen Saal Ü33-Partys statt.

Frühling

März: Starkbierzeit – Eröffnung der Starkbiersaison im Salvatorkeller mit politischer Prominenz. Auch andere Brauereien schenken den Doppelbock aus und feiern, wie z. B. der Löwenbräukeller, mit Trachtengruppen und Wettbewerb im Steinheben.

April: Frühlingsfest auf der Theresienwiese.

Sommer

April/Mai: Mai-Dult auf dem Mariahilfplatz in der Au, tgl. 9–20 Uhr; eine Mischung aus Jahrmarkt, Geschirr- und Trödelmarkt.

Mai: Internationales Dokumentarfilmfestival – vielfältiges Programm der besten internationalen Dokumentarfilme (www.dokfest-muenchen.de).

Biennale (2012): Musiktheaterfestival alle 2 Jahre (www.muenchenerbiennale.de).

Mai bis Mitte September:
Münchner Blade nights – Immer montagabends bei gutem Wetter skaten Tausende durch München. Gefahren wird auf jeweils festgelegten Strecken (Infos am Veranstaltungstag ab 17 Uhr unter www.muenchner bladenight.de).

Juni: Internationales Filmfest – Internationale und deutsche Uraufführungen von Kinofilmen (www.filmfest-muenchen.de).

Stadtgründungsfest – Bürgerfest mit Künstlermarkt und Kinderprogramm zwischen Marien- und Odeonsplatz.

Tollwood Festival – Buntes Kulturfestival im Olympiapark (www.tollwood.de).

Streetlife-Festival – Jeweils an einem Wochenende im Juni und September verwandeln sich Leopold- und Ludwigstraße in eine autofreie Flaniermeile (www.streetlife-festival.de).

Juli: Opernfestspiele im Nationaltheater (www.muenchner-opern-festspiele.de).

Klassik am Odeonsplatz – Open-Air-Konzerte vor historischer Architekturkulisse (www.klassik-am-odeonsplatz.de).

Christopher Street Day – Parade der Gay Community durch die Innenstadt und Open-Air-Disco auf dem Marienplatz (www.csd-munich.de).

Jakobi-Dult auf dem Mariahilfplatz.

August: Olympiapark Sommerfest – 18-tägiges Volksfest im Olympiapark mit kostenlosen Konzerten im Theatron.

Herbst

September: Mit **Open Art** in der ersten Septemberhälfte eröffnen die Galerien zeitgenössischer Kunst gemeinsam die neue Saison nach der Sommerpause (www.openart.de).

Oktoberfest, das am dritten September-Samstag mit dem traditionellen Fassanstich und dem Einzug der Wiesnwirte beginnt. Trachten- und Schützenfestzug am ersten Wiesn-Sonntag (www.oktoberfest.de).

Streetlife-Festival – siehe Juni.

Oktober: Kirchweih-Dult im Oktober bis Kirchweihsonntag auf dem Mariahilfplatz.

November: Münchner Eiszauber – Ab Ende November verwandelt sich der Karlsplatz in der Innenstadt während der Wintersaison alljährlich in ein Eislauffläche.

Winter

Dezember: Christkindlmarkt auf dem Marienplatz und in anderen Vierteln.

Tollwood Winterfestival in der Zeltstadt auf der Theresienwiese (www.tollwood.de).

Februar: Am Faschingssonntag, Rosenmontag und Faschingsdienstag **Faschingstreiben** in der Fußgängerzone. Am Faschingsdienstag Tanz der Marktfrauen auf dem Viktualienmarkt.

Auskunft

- **Tourismusamt München:** Tel. 23 39 65 00, www.muenchen-tourist.de. Vermittlung von Hotelzimmern, Information und Verkauf von Informationsmaterial vor Ort:
- **Tourist-Information** am Hauptbahnhof (Bahnhofsplatz 2), Mo–Sa 9–20 Uhr, So 10–18 Uhr
- **Tourist-Information** am Marienplatz, Neues Rathaus, Mo–Fr 10–20 Uhr, Sa 10–16 Uhr, So 10–14 Uhr
- **Telefonische Hotelreservierung:** Tel. 23 39 65 50
- **Online-Hotelreservierung:** hotelservice@muenchen.de
- **Flughafen München, Zentrale:** Tel. 97 50 0
- **Flugauskunft:** Tel. 97 52 13 13

Fundbüros

Für Verluste auf Straßen und in städtischen Verkehrsmitteln:

- **Fundstelle der Stadtverwaltung,** Ötztaler Straße 17, Hotline Tel. 23 39 60 45, Mo–Fr 8–12, Di auch 14–18.30 Uhr
- Für Züge und Bahnhof: **Fundstelle** im Hauptbahnhof, Haupthalle links, Bahnhofsplatz 2, Tel. 13 08 66 64, Mo–Fr 7–20, Sa, So, Fei 8–18 Uhr
- Am Flughafen: **Zentralbereich,** Ebene 03, Tel. 97 52 13 70, und Terminal 2, Tel. 97 52 28 70

Internetadressen

- www.die-museen-in-muenchen.de
- www.kunstareal.de
- www.schloesser.bayern.de
- www.allianz-arena.de
- www.citysports.de

Kartenvorverkauf

- **München-Ticket GmbH:** Rathaus (neben der Tourist-Information) Tel. 54 81 81 81; www.muenchen-ticket.de
- Events auf dem Olympiagelände: **Pavillon am Olympia-Eisstadion,** Mo–Fr 10–18, Sa 10 bis 16 Uhr, oder bei München-Ticket im Gasteig und in der Tourist-Information im Hauptbahnhof, Tel. 54 81 81 81

Staatsoper: Marstallplatz 5, Tel. 21 85 19 20, tickets@st-oper.bayern.de

Staatsschauspiel: Max-Joseph-Platz 1, Tel. 21 85 19 40

Kammerspiele: Maximilianstr. 26, Tel. 23 39 66 00, www.muenchner-kammerspiele.de

Kiosk im Marienplatz-Untergeschoss: Tel. 29 25 40

Karten für Fußballspiele gibt es an den Vorverkaufsstellen oder direkt über die Vereine: FC Bayern, Tel. 69 93 13 33, www.fcbayern.de; TSV 1860, Tel. 6 42 78 50, www.tsv1860.de

Kinderbetreuung

Münchner Kindl, in der Altstadt, Burgstr. 6, Betreuung für Kinder ab 18 Monaten bis 10 Jahre: 7–21 Uhr, Tel. 24 23 16 00

Kostenlos

oder für 1 Euro sind in München bis auf das Deutsche Museum fast alle staatlichen Museen am Sonntag, nicht jedoch Sonderausstellungen der Sammlungen. Musikgenuss zum Nulltarif hat man auf dem Tollwood Festival, regelmäßig in der Musikhochschule und im Sommer bei Konzerten im Theatron (Oympiapark).

Messe München

Am Messesee 2, www.messe-muenchen.de. Mit der U2, Stationen Messestadt West bzw. Ost, ist das Messegelände in 30 Min. vom Zentrum aus zu erreichen. Ein Shuttle-Bus verkehrt alle halbe Std. zwischen Flughafen und Messegelände.

Notruf

Polizei: Tel. 110

Feuerwehr/Rettung: Tel. 112

Ärzlicher Bereitschaftsdienst: Tel. 0 18 05/19 12 12

Zahnärzlicher Notdienst: Tel. 7 23 30 93/94

Homöopathischer Notdienst: Tel. (01 72) 9 61 01 12

Münchner Heilpraktiker: Tel. 55 55 40

Parken

Die zügigste und umweltverträglichste Art, durch die Stadt zu kommen, ist die Benutzung der öffentlichen Verkehrsmittel. Einen Parkplatz zu finden, ist alles andere als leicht.

Es gibt Stadtteile, wie die Au, das Lehel oder Haidhausen, mit Parklizenzbereichen, in denen nur die Anwohner für längere Zeit parken können.

Parkhäuser für die Innenstadt

- **Am Färbergraben:** 520 Plätze, geöffnet werktags 7–24 Uhr; So u. Fei geschlossen. Zufahrt über Altheimer Eck, Tel. 26 61 77
- **Motorama Tiefgarage:** 500 Plätze, Esso-Station rund um die Uhr geöffnet, vis-à-vis vom Gasteig
- **Tiefgarage vor der Oper:** Max-Joseph-Platz, 580 Plätze, durchgehend geöffnet, Tel. 29 41 87
- **Park & Ride Anlage Fröttmaning:** BAB 9 Ausfahrt Fröttmaning, 1270 Plätze für Pkw. Rund um die Uhr geöffnet. Benutzung für Fahrgäste der öffentlichen Verkehrsmittel: in 17 Min. mit der U 6 zum Marienplatz.

Post

- **Ludwigsvorstadt – Isarvorstadt,** Bahnhofsplatz 1, Tel. 5 99 08 70; Mo–Fr 7.30–20, Sa 9–16 Uhr. SB-Bereich Mo–Fr 7–22, Sa u. So 8–20 Uhr
- **Altstadt – Lehel,** Alter Hof 6–7, Mo–Fr 8–18.30, Sa 9 bis 12.30 Uhr. SB-Bereich 0–24 Uhr
- **Am Flughafen,** McPaper, Zentralbereich, Shop 54, Mo–So 7.30–21 Uhr

Telefon

Vorwahl für München ist 089

Veranstaltungshinweise

- Informationen über Veranstaltungen und Vorverkauf unter **www.muenchen.de**
- Kioske und Buchläden verkaufen das Monatsprogramm **München** und die Stadtzeitung **Prinz.**
- Kostenlos liegt in Lokalen und Kinos das Veranstaltungsheft **in** aus.

Unterwegs in München

S-, U-, Straßenbahnen und **Busse** sind im Münchner Verkehrs- und Tarifverbund, **MVV,** zusammengeschlossen. Infos bei: www.mvv-muenchen.de, www.mvg-mobil.de, Tel. 41 42 43 44, oder im **Kundencenter** im Fußgängeruntergeschoss von Ⓢ und Ⓤ Marienplatz (tgl. 6–0.30 Uhr),
- **Service-Center** der S-Bahn München im Hauptbahnhof, www.s-bahn-muenchen.de

Tarifdschungel

Das MVV-Tarifgebiet ist in **vier Zonen** bzw. 16 Ringe eingeteilt. Im Innenraum (weiße Zone) kostet eine Einzelfahrkarte 2,50 €, mit der blauen Streifenkarte 2,40 € (2 Streifen). **Kurzstrecken** (bis zu 4 Haltestellen mit Bus oder Straßenbahn, 2 Haltestellen mit Ⓢ oder Ⓤ) kosten mit Einzelfahrkarte 1,20 €, mit blauer Streifenkarte ebenfalls (1 Streifen). Kinder unter 6 Jahren fahren gratis, bis zum 14. Lebensjahr pro Fahrt 1,20 € (Einzelfahrkarte oder 1 Streifen). Für die mehrfache Nutzung öffentlicher Verkehrsmittel an einem Tag empfehlen sich **Tageskarten,** die für beliebig viele Fahrten bis 6 Uhr früh des folgenden Tages gelten (Single-Tageskarte für den Innen- oder Außenraum zu 5,40 € bzw. 10,80 € für das gesamte Tarifgebiet, Partner-Tageskarte für 9,80 € bzw. 19,60 €).

Straßenbahnen

Münchens traditionelles Verkehrsmittel bietet mit zahlreichen **Nachtlinien** eine unverzichtbare Vernetzung der Stadtteile. Die Frequenz variiert tagsüber zwischen 7 und 10 Min. und 20 Min. ab etwa 21 Uhr. Nachtschwärmer finden Infos unter www.mvg-mobil.de/nachtlinien.htm

Taxi

- **Taxi München:** Tel. 21 61 0
- **IsarFunk**: Tel. 45 05 40

Die Autorin:

Karin Baedeker

lebt seit vielen Jahren in der Isarmetropole. Sie studierte Kunstgeschichte an der Ludwig-Maximilians-Universität und ist seitdem im Tourismus tätig: zunächst als Kunst- und Stadtführerin, seit 1992 beim Münchner Tourismusamt.

Impressum

Herausgeber: Polyglott-Redaktion
Autorin: Karin Baedeker, München
Lektorat: Nina Hille, München
Layout: Polyglott Chaos Productions, München
Umschlaggestaltung: 4S_art direction, Svea Stoss, Köln
Satz: Carmen Marchwinski, München
Kartografie: GeoGraphic Publishers, München
Kartografie Umschlag: Polyglott Kartografie

Manufactured in China by Macmillan Production (Asia) Ltd.
ISBN 978-3-493-60192-3

PT 10J1 ◆ 11010

Bildnachweis:
Acetaia: 132; Bayerisches Nationalmuseum: 84; Bildagentur Huber/Schmid: 12; Ludwig Beck: 140; Dallmayr: 14-2, 138; Farbdia-Archiv Amberg/Gunda Amberg: 26, 29-2, 36, 37-2, 60, 61, 69, 73, 76, 81-1, 89-2, 90-2, 102, 109-2, 110, 114, 122, 125-1; Farbdia-Archiv Amberg/Dr. Hellmuth Amberg: 101-1; Farbdia-Archiv Amberg/ C.&M. Mitteregger: 70; Farbdia-Archiv Amberg/Otto Schraml: 21-2, 33-1, 37-2, 126; Robert Fishman: 40, 48, 49, 50-2, 74-2; Fotolia/DeVIce: 112; Fotolia/ Oliver Raupach: 42-1; GOP Varieté Theater/Alexander Dakos: 30-2; Nina Henze: 62-1, 62-2; Nina Hille: 6-3, 45-2, 46-1, 46-2, 52, 53, 54-1, 56, 57-1, 57-2, 58, 134; Hotel Bayerischer Hof: 128; Hotel Laimer Hof am Schloss: 129; Hotel Torbräu: 131-2; Jazzclub Unterfahrt/Oskar Henn: 6-4, 34-2, 144-2; laif/Hemispheres: 94; laif/ Martin Kirchner: 88; Literaturhaus München: 17-1, 17-2; Sabine von Loeffelholz: 6-1, 6-2, 30-1, 74-1, 77-1, 77-2, 81-2, 89-1, 90-1, 97, 98, 101-2, 104, 105, 106-1, 106-2, 131-1, 133, 136-1, 136-2, 143; Lollipop und Alpenrock/Klaudia Tot: 33-2; Elke Maier-Wenzl: 34-2; Nicki Marquardt/Tobias Glaser: 141; mauritius-images/ imagebroker.net: 109-1; H.P. Merten: 8, 9, 13, 14-1, 16, 28, 29-1, 32, 64, 113-1, 120; Nektar: 144-1, 146-1; Photostation Michael Heeg: 85-2; Pixelio/adel: 78; Pixelio/ die Geliebte: 21-1; Pixelio/Richard: 82-1; Pixelio/sirknippsalot: 54-2; Pixelio/Dirk Suhm: 50-1; Pixelio/Oliver Thaler: 121; Prinzregententheater: 86-2, 146-2; Armin Spinar: 117-1, 118-1, 118-2, 139, 142; SWM: 108; SWM/Marcus Schlaf: 86-2; TAM MUC/Bjarne Geiges: 10; TAM MUC/Jörg Lutz: 18-2; TAM MUC/Alfred Müller: 72; TAM MUC/Bernd Römmelt: 113-2; TAM MUC/Petra Ruggiero: 18-1, 65; TAM MUC/ Jürgen Sauer: 41; TAM MUC/C. L. Schmitt: 42-2; TAM MUC/Peter Schnitzler: 85-1; TAM MUC/Christa Tkaczyk: 96; TAM MUC/Josef Wildgruber: 24, 38, 68; Tollwood/ Markus Dlouhy: 66; Hanna Wagner: 20, 22-1, 25-2, 44, 45-1, 80, 82-293, 117-2, 125-2; Wikipedia/mattes: 22-1; Wikipedia/rufus46: 25-2.

www.polyglott.de

Ergänzende Anregungen bitten wir zu richten an:
Polyglott Verlag, Redaktion, Postfach 40 11 20, 80711 München.
E-Mail: redaktion@polyglott.de

Der beste Apa Guide
aller Zeiten
NEU
POLYGLOTT
Apa Guide
Neuseeland
NEU! REISEMAGAZIN
Das Beste auf einen Blick
Der Premiumreiseführer mit vielen brillanten Farbfotos, hochwertiger flexibler Bindung und Sonderteil „Reisemagazin“.
POLYGLOTT
www.polyglott.de